Tim Niedernolte

mit Daniel Schneider

Wunderwaffe Wertschätzung

TIM NIEDERNOLTE

Wunderwaffe Wertschätzung

VOM GROẞEN GLÜCK EINER EINFACHEN LEBENSHALTUNG.

adeo

INHALT

VORWORT

Liebe Leserinnen und Leser,

ich bin gut rumgekommen mit Tim Niedernolte. Einige Jahre lang sind wir gemeinsam durch die Bundesligastadien gereist und haben für den Sender Sky gearbeitet. Als Teil einer großen Crew, er als Reporter und ich als Beleuchter.

Ich habe ihn für die Interviews und Moderationen auf dem Rasen ins passende Licht gerückt und dabei erlebt, wie er vor und hinter der Kamera agiert: Er ist in beiden Situationen immer derselbe. Deshalb ist es für mich überhaupt keine Überraschung, dass Tim ein Buch über Wertschätzung schreibt. Sie gehört wie selbstverständlich zu Tims Leben.

Egal ob Tim auf Sendung ist oder nicht – er ist ein auffällig offener und freundlicher Mensch. Er versprüht positive Energie, bemerkt, was um ihn herum passiert, und respektiert die Menschen, die mit ihm zusammenarbeiten.

Und zwar ausnahmslos jeden.

Der Kabelträger ist ihm genauso wichtig wie der Regisseur. Er hat sich nach getaner Arbeit stets bei jedem mit Handschlag verabschiedet und sich für die Zusammenarbeit bedankt. Im mitunter sehr auf den eigenen Vorteil bedachten Setting der Fernsehleute setzt er mit dieser echten Art der Wertschätzung seinen Mitmenschen gegenüber einen auffälligen Kontrast.

Die positive Art, gepaart mit seinem Humor, ist mir in guter Erinnerung geblieben. Irgendwann hat Tim dann das Sky-Mikrofon an den Nagel gehängt und ist weitergezogen. Doch noch Jahre später, wenn ich ihn in einem Stadion wiedergetroffen habe, war nicht nur ich hocherfreut, ihn zu sehen. Er ist einer der wenigen Kollegen, der von den vielen Mitarbeitern und Helfern im Hintergrund wiedererkannt und nach wie vor sehr geschätzt wird.

Als Moderator beim ZDF arbeitet er nun mit einem anderen Team zusammen und ich bin mir sicher: Die Damen und Herren können das, was ich hier von mir gebe, voll unterschreiben.

Tim hat die Wertschätzung nicht erfunden, aber er ist ein sehr guter Botschafter für sie. Es macht Spaß und Sinn, mit ihm auf den Spuren der Wertschätzung unterwegs zu sein. Seine Art ist ansteckend, und deshalb werden Sie mit diesem Buch nicht nur gut unterhalten, sondern bekommen wertvolle Impulse für Ihren Alltag.

Ich wünsche Ihnen viel Spaß beim Lesen und richte den Spot jetzt, wie damals, von Herzen gerne wieder auf Tim.

Ihr Uwe Wolf

Die Erde braucht nicht noch mehr Erfolgsmenschen, die Erde braucht dringend mehr Friedensstifter, Helfer, Wiederaufbauer, Geschichtenerzähler und Liebende aller Art.

DALAI LAMA

Für Anne, Liebe meines Lebens und WERTvollster SCHATZ! Und Lea. Denn die Welt, die wir dir überlassen, hat noch Luft nach oben!

Prolog:

WILLKOMMEN IN DER WELT DER WERTSCHÄTZUNG

Liebe Leserin, lieber Leser,

voll schön, Sie hier zu treffen! Darf ich mich kurz vorstellen: Ich bin Tim Niedernolte, 39, verheiratet, eine Tochter, von Beruf Fernsehmoderator, zur Zeit beim ZDF. Freund, Bruder, Sohn, Kollege, Fußballfan, Gast, Gastgeber, Mensch, Lebensliebhaber, Biertrinker ...

... und vollstüberzeugter Wertschätzer.

Was das sein soll? Jemand, der sich das Thema Wertschätzung ganz dick auf die Fahne geschrieben hat. Weil ich nämlich überzeugt davon bin, dass Wertschätzung eine Wunderwaffe ist, die das Leben jedes Menschen sofort und ganz einfach viel besser macht. Desjenigen, der Wertschätzung erfährt, und auch das desjenigen, der sie verteilt. Sie ist ganz einfach und sofort anwendbar, jeder kann sie einsetzen, sie ist

> Wertschätzung ist die einzige Waffe, die nicht zerstört, sondern aufbaut, wachsen lässt und vermehrt.

niemals aufgebraucht, sie kostet nichts – und bringt die allergrößte Rendite überhaupt: Sie macht glücklich!

Wertschätzung ist die einzige Waffe, die nicht zerstört, sondern aufbaut, wachsen lässt und vermehrt. Und das durch alle Bereiche und Schichten unserer Gesellschaft hindurch, durch unser Zusammenlebens und unser Zusammenarbeiten und Wirtschaften.

Und ich möchte dabei helfen, die Kraft der Wertschätzung zu multiplizieren.

Auf dem Weg dahin habe ich erst mal einige Mitwisser aus meinem Umfeld zusammengetrommelt. Ganz gezielt und aus unterschiedlichen Branchen. Torsten Hebel, ein Schauspieler, Kabarettist und Leiter des sozial-kulturellen Projektes „blu:boks“, Philipp Niedernolte, mein Bruder, Finanzexperte in der langfristigen Unternehmensplanung der BMW-Group, Mathis Gerkensmeyer, in der Geschäftsleitung des Startups *Runtastic* für Finanzen verantwortlich, und Daniel Schneider, Journalist und Theologe. Ich habe ihnen von meinen Gedanken erzählt, und sie sind alle sofort auf den Wertschätzungs-Zug aufgesprungen.

Das hat mich umgehauen. Für unser erstes Treffen mit offenem Ausgang schlossen wir uns ein Wochenende in einem Linzer Hotel ein, und dort begann eine intensive Auseinandersetzung mit der „Wunderwaffe Wertschätzung“. Und jetzt kommt mein Schlüsselerlebnis: Im extra gemieteten Konferenzraum saßen wir uns erwartungsvoll gegenüber. Ich war nervös. Wie sollen wir beginnen? Dann eröffnete Torsten Hebel die Runde mit einer spontanen Idee: „Wie wäre es, wenn wir uns gegenseitig erstmal ausführlich die Meinung übereinander sagen? In positiver Weise. Jeder sagt, was er an dem anderen schätzt.“

Top Idee! So eröffneten wir die Runde mit einer „Wertschätzungsdusche“. Ich weiß nicht mehr genau, wie lange wir uns gegenseitig mit Komplimenten zugeschmissen haben, einige Stunden waren es auf jeden Fall. Und es war der perfekte Start ins Wochenende und in die ganze Thematik.

Dieser Moment hat sich bei mir eingebrannt. Fünf unterschiedliche Typen aus ganz unterschiedlichen Branchen, die mitten im Leben stehen, loben sich gegenseitig über den grünen Klee. Einfach so. Und es ist ein Fest. Gestandene Kerle, die wie kleine Jungs mit strahlenden Augen und offenen Herzen wertgeschätzt werden und wertschätzen.

In diesem Moment wurde mir klar: Wertschätzung ist wirklich eine Wunderwaffe, die alles verändert! Wertschätzer müssen sich verbünden, um gemeinsam noch stärker zu werden. Deshalb lesen Sie dieses Buch. Deshalb treffe ich mich mit Menschen, die schon „Wunderwaffenschein-Besitzer“ sind. Ich möchte von ihren Erfahrungen mit der Wertschätzung lernen. Und dadurch Veränderungen anstoßen. Dinge bewegen. Unser Zusammenleben verbessern. Konkret. Persönlich. Alltagsnah. Erprobt.

Wertschätzung ist wirklich eine Wunderwaffe, die alles verändert! Wertschätzer müssen sich verbünden, um gemeinsam noch stärker zu werden.

Welche Typen das sind und wie sie ihre Leidenschaft leben, wird auf den nächsten Seiten deutlich. Auch mich werden Sie dabei besser kennenlernen. Und das Team in meinem Rücken. Es wird unterhaltsam, sexy, ehrlich, dreckig, liebevoll, traurig, inspirierend und lustig. Und ich warne Sie besser hier schon mal vor: Es ist mehr als eine nette Lektüre. Denn zwischen diesen beiden Buchdeckeln steckt jede Menge Herausforderung. Und die Kraft unser aller Wunderwaffe.

Die Damen und Herren, die in diesem Buch zu Wort kommen, haben eine Gemeinsamkeit: Die Art, wie sie anderen Menschen begegnen, ist Wertschätzung pur. Manchmal bewusst und manchmal unbewusst. Sie lesen zum Beispiel …

- von Ausnahmekoch und TV-Persönlichkeit Christian Rach, der dank ehrlicher Wertschätzung eine unmenschliche Herausforderung in Thailand gemeistert hat.
- von der Fernsehmoderatorin und Journalistin Dunja Hayali, die erfahren hat, welche Schattenseiten gelebte Wertschätzung mit sich bringen kann. Und warum sie trotzdem nicht aufhört, mit Menschen zu kommunizieren, die anders denken als sie.
- von Werbeprofi Michael Vollkmer, der in seiner Agentur mit Bienenstöcken und Leitungswasser Wertschätzung vorlebt und dadurch Großkunden wie Mercedes oder die Deutsche Bahn zum Umdenken bewegen will.

Und Sie, liebe/r Leser/in, sind auch beteiligt. Denn jeder Mensch ist ein potenzieller Wertschätzer. Deshalb freue ich mich auch so sehr, dass Sie mich auf meiner Reise begleiten. Unserer Reise.

Ihr

Es könnte alles so einfach sein!

ODER: BLUMENWERFEN FÜR ANFÄNGER

Die Menschen bauen zu viele Mauern
und zu wenige Brücken.

ISAAC NEWTON

Wissen Sie was? Ich fühle mich gerade so gar nicht nach Wertschätzung. Denn ich sitze am Computer und kämpfe mit einem weißen Blatt Papier. Der Cursor blinkt höhnisch. So, als wenn er mir sagen wollte: „Na, läuft nicht, oder!?“

Mir fällt partout nichts ein, obwohl mein Kopf eigentlich voll ist mit Geschichten, Ideen, Statements und Erlebnissen. Aber ich bringe es gerade nicht auf die Straße. Frust macht sich breit.

Ich beschließe, den Rechner kurz mal mit Missachtung zu strafen und frische Luft zu schnappen. Tief durchatmen. Post holen. Zu Fuß die vier Etagen runter. Bisschen Blut durch die Adern jagen in der Hoffnung, dass der volle, aber doch irgendwie leere Kopf so auch ein bisschen frische Energie abkriegt.

Unten angekommen, sehe ich ihn. Er steht mit dem Rücken zu mir, aber seine rot gelbe Jacke verrät ihn sofort: der Paketbote. Hat geklingelt, wahrscheinlich schon mehrfach, und wartet auf eine offene Tür.

Ich halte kurz inne. Wenn ich jetzt aufmache, bleibt die Verteilung der Pakete an mir hängen ... Wie heißt noch mal das Kapitel, bei dem ich gerade nicht weiterkomme: Wertschätzung im Alltag? Ich öffne die Tür ...

Klar, ich müsste ihm die Pakete nicht abnehmen, sie sind ja nicht für mich und meist zieht sich die Übergabe auch etwas hin mit mehreren verschiedenen Nachbarn. Aber der Paketmann hat so einen Dreierpack weniger auf seiner stressigen Tour gegen die Uhr.

Er bedankt sich. Für einen Berliner sogar ziemlich überschwänglich. Habe ich da ein Lächeln in seinem Gesicht gesehen? Ich sprinte mit einem guten Gefühl die Treppe hinauf. Schnell wieder an den Computer. Denn in mir macht sich ein Gedanke breit, sehr klein und zerbrechlich noch. Ich will ihn nicht verlieren. Aber schon beim Wohnungstüraufschließen merke ich, dass der Gedanke größer wird. Er nimmt den ganzen Raum ein.

Es fühlt sich ein bisschen so an, als höre ich ein schönes Lied. Es ist nicht besonders neu, aber stimmig, ich fühle mich bei dieser Melodie aufgehoben.

Ich sauge die Musik auf. Oder den Gedanken. Er stammt nicht von mir. Aber ich habe mich an ihn erinnert. Es ist ein Spruch von Veit Lindau, einem Coach und Autor. Der hat das, was ich gerade erlebt habe, in wunderbare Worte gefasst:

„In jedem von uns schlummert ein Held.
Du kannst vielleicht nicht die ganze Welt retten.

Aber du kannst heute die Welt eines anderen Menschen erhellen.
Durch ein Lächeln, ein Kompliment, eine Berührung, einen Kaffee, eine kleine Hilfeleistung.
Und wenn wir das alle tun, ist eines Tages auch die Welt ein guter Ort."

Klingt blumig und ein bisschen kitschig obendrauf, aber es ist vielleicht tatsächlich so einfach. Nehmen Sie sich kurz Zeit für eine kleine Gedankenreise. Wo haben Sie kürzlich die Welt eines anderen Menschen erhellt? Wer hat Ihnen zuletzt ein Kompliment gemacht, ein Lächeln geschenkt, die Tür aufgehalten oder einen Kaffee besorgt?

Ich denke sofort an einen Obdachlosen, den ich letztes Jahr auf dem Weihnachtsmarkt am Potsdamer Platz gesehen habe. Ich war mit meiner Familie unterwegs und habe ihm im Vorbeigehen eine kleine Spende gegeben. Worauf er sagte: „Behalt das lieber für dich. Du hast eine kleine Tochter, die braucht das nötiger als ich!"

Ich gehe bewegt weiter, lasse seine Worte kurz sacken und sage dann zu meiner Frau: „Moment, komme sofort wieder." Dann kehre ich zurück zu dem Mann und gebe ihm einen Schein mit den Worten: „Das hat mich gerade sehr bewegt. Was für eine Einstellung – dein Blick für andere trotz deiner Situation. Bitte nimm diesen Schein. Meine Tochter muss deswegen auf nichts verzichten ..."

Danach habe ich mich neben ihn gesetzt und wir haben einige Minuten gequatscht. Darüber, wie es ihm geht, wie es mir geht, warum er auf der Straße lebt, warum er zu seinem Sohn und anderen nahen Verwandten keinen Kontakt mehr hat und über einiges mehr.

Wer hat hier wen wertgeschätzt? Wir beide uns gegenseitig. Wir haben uns gegenseitig die Welt erhellt.

Seit unserer tieferen Auseinandersetzung mit dem Thema fallen mir immer mehr Bezüge und Beispiele und Gelegenheiten im Alltag auf. Es ist ein Prinzip der selektiven Wahrnehmung: Man wird sich einer Sache bewusst oder hat sich damit intensiver beschäftigt, und plötzlich begegnet einem genau diese Sache viel häufiger im Alltag als vorher. Nicht, weil sie plötzlich häufiger existiert, sondern weil man dafür sensibilisiert wurde.

Als meine Frau schwanger war und wir durch unseren Kiez spazierten, dachte ich: Mensch, es sind aber viele schwangere Frauen unterwegs. Waren natürlich nicht mehr oder weniger als sonst, aber mir ist es aufgefallen.

Und genauso geht es mir auch mit der Wertschätzung. Ein Beispiel nach dem anderen fiel mir auf oder zu. Ein Werbeplakat hier, ein zufällig aufgeschnapptes Gespräch da. Im Radio beim Zappen durch die Sender poppte plötzlich das Interview eines Psychologie-Professors zur Bedeutung von Wertschätzung im Arbeitsleben auf. Wäre mir vorher nie aufgefallen! Ich war beeindruckt – und mein smarter Notizzettel im Handy wurde immer voller.

Ich fing an, mit einer „Wertschätzungsbrille“ durch den Alltag zu gehen. Das ist toll – probieren Sie es auch mal. Einen Tag lang versuchen Sie bewusst wahrzunehmen, wo einem diese positive Macht überall begegnet. Oder wo sie fehlt. Und wo Sie sie einsetzen können.

Los geht's gleich beim Aufstehen. Ein Kuss für den Partner – oder doch lieber nach dem Handy hangeln? Sich über den zu dünnen Kaffee beschweren – oder einfach mal Danke sagen, dass man ein paar Minuten länger liegen bleiben durfte? Jemandem die Vorfahrt nehmen oder den anderen Autofahrer durchlassen? Dem Kollegen zum Start in den Tag etwas Nettes sagen und erst dann seine To Do-Liste rübermailen. Die zehn Meter ins Nachbarbüro gehen für eine vis-à-vis-Frage, statt die x-te Mail zu schreiben.

Merken Sie was?

Der Tag hat noch gar nicht richtig begonnen, und schon hat man eine potenzielle Wertschätzungs-Situation nach der anderen gesammelt. Und bei den meisten hat man sogar direkt ein Mitspracherecht: einfach so wie immer? Oder mal mit Herz und Fokus auf dem Anderen? Sie können heute die Welt eines anderen Menschen erhellen.

Und Ihre eigene gleich dazu. Manchmal merken Sie sogar, dass Sie gerade jemandem echt den Tag gerettet haben, manchmal auch nicht. Das bedeutet aber weder, dass Sie das nicht wiederholen sollten, noch, dass Sie Ihre Wertschätzung verpulvert hätten.

Sie können heute die Welt eines anderen Menschen erhellen.

Lassen Sie uns so einen Staffellauf einfach mal mit ein paar Beispielen weiterspinnen: Der Paketbote, den ich eben minimal unterstützt habe, geht mit einem guten Gefühl wieder zurück auf die Straße, steigt in seinen Lieferwagen und fährt los. Die drei Minuten, die er durch mich gespart hat, will er in eine kurze Mittagspause investieren. Er betritt einen Dönerladen und bestellt.

Er ist durch den unverhofften Zeitgewinn guter Laune, deshalb bestellt er den Döner nicht auf Deutsch, sondern auf Arabisch. Ein paar Brocken hat er von seinen Kollegen gelernt. Die Wirkung auf den Mann hinter dem Ladentresen ist verblüffend. Eine Bestellung in der Muttersprache! Noch dazu von einem Deutschen. Da wird ihm direkt warm ums Herz. Die beiden kommen ins Gespräch, der Paketbote verlässt mit dem Döner das Geschäft und der Mann in der Dönerbude dreht das Radio lauter und summt mit.

Kurzer Einschub: Die Idee mit bestellen auf Arabisch stammt von meiner lieben Kollegin Dunja Hayali. Sie hat sich (und mich) gefragt, warum wir uns alle immer so viel Mühe geben, im italienischen oder spanischen Restaurant unsere paar Brocken Fremdsprache anzubringen, aber bei arabisch oder türkisch sprechenden Menschen da doch eher zurückhaltend sind. Ich konnte keine Antwort darauf geben, aber ich fand den Gedanken interessant. In meiner Zeit bei Sky, wenn ich als Reporter in der Champions- oder Europa-League eingesetzt wurde, habe ich auch oft versucht, die Sprache des Landes einzubringen. Das war allerdings gar nicht so einfach. Vor allem in Lettland oder der Ukraine.

Zurück in den Dönerladen: Die Tür geht auf. Eine Frau kommt herein. Mit Handy am Ohr. Sie bestellt einen vegetarischen Döner und stellt sich an den kleinen Stehtisch. Sie wirkt angespannt. Ihren Döner isst sie hastig. Dann kommt sie zur Theke und will bezahlen. Doch sie findet ihren Geldbeutel nicht. Es ist ihr sichtlich unangenehm. Sie sucht alles ab und wendet sich dann verzweifelt an den Mann hinter Theke. „Ich habe offenbar mein Portemonnaie im Hotel liegenlassen. Und das befindet sich am anderen Ende der Stadt.“

Das Wertschätzungslicht wurde zugestellt.

Es gibt Tage, da hätte der Ladenbesitzer gesagt: „Ja, ja, die Geschichte höre ich öfter.“ Aber dieses Mal nicht. Er lächelt die Frau freundlich an und sagt: „Geht aufs Haus.“

Die Frau lächelt erleichtert zurück, bedankt sich und verlässt den Laden. Das Wertschätzungslicht wurde schon wieder weitergegeben. In Form eines Döners.

Noch einige Tage später erinnert sich Frau an diese Begegnung im Dönerladen. Und zwar, als sie in ihrer Stadt das überfüllte Einwohnermeldeamt betritt. Sie muss ihren Personalausweis verlängern lassen. Diesmal hat sie ihre Geldbörse mit dabei und zieht eine Nummer. Danach noch eine.

Und sie wartet. Nach einer guten halben Stunde nähert sich die Ziffernanzeige ihrer Nummer. Sie schaut sich um. Viele Menschen um sie herum. Wer ist gerade gekommen und muss noch lange warten?

Einer sieht besonders gestresst aus. Den behält sie ihm Auge. Dann wird ihre Nummer aufgerufen. Bevor sie an den Platz mit dem Sachbearbeiter tritt, geht sie zu dem gestresst wirkenden Mann und drückt ihm die zweite Nummer in die Hand. „Hier, für Sie. Sie sind gleich dran. Schönen Tag noch."

Ungläubig schaut der Mann sie an, stammelt ein „Danke", und schwupps, schon wird auch seine Nummer aufgerufen.

Diese Idee stammt übrigens von meinem Mitwertschätzer Torsten Hebel, der das schon einige Male ausprobiert hat. Mit erhebendem Erfolg. Und auch ich selbst habe gute Erfahrungen damit gemacht. Klar, auch hier macht sich Sozialneid breit und es gibt immer Menschen, die nölen „Warum er und nicht ich?", aber das nehme ich sehr gerne in Kauf.

Ich habe noch tausend solcher Beispiele parat, mit denen man die Welt eines Menschen erhellen kann. Manches davon setze ich häufig um, manches nicht.

Warum?

Weil ich zu bequem bin, weil ich manchmal Schiss habe, was die anderen sagen, oder weil ich einfach zu verpeilt bin, um auf meine Mitmenschen zu achten.

Aber trotzdem möchte ich die Wertschätzungsbrille nicht mehr abnehmen. Sie ist nicht rosarot, sondern sie hilft mir, klarer zu sehen. Und davon profitiere ich selbst am meisten. Denn ich werde auch für die Wertschätzung sensibilisiert, die mir selbst zuteilwird. Das ist eine ganze Menge.

Womöglich hätte ich ohne Wertschätzungsbrille auch den Aushang an der Kita verpasst, in die unsere Tochter geht. Dort stand: „Wertschätzung ist die Grundlage jeder Beziehung“, und dieses Zitat war mit einem Event verbunden; einem Wertschätzungstag für alle Eltern, die sich das ganze Jahr um die Kinder kümmern. Die Kleinen haben mit ihren Erziehern Muffins gebacken – und dann ging es für einen Nachmittag auf den Spielplatz, wo die Kinder und Erzieher im Schatten der Bäume die Eltern für ihren Einsatz verwöhnt und gewürdigt haben.

Ich liebe diese Idee, diese Formulierung und die Herangehensweise. Denn genau das ist es doch! So einfach eigentlich, „nur“ ein kleines Beispiel aus der Kita, aber so relevant!

Denn dass man nicht früh genug damit anfangen kann, auch Kinder an die wunderbare Welt der Wertschätzung heranzuführen, zeigt die aktuelle PISA-Studie. In einer Sonderauswertung veröffentlichte die OECD im April 2017 Daten zu Lernumfeld und Lernverhalten der 15-jährigen. Eines der auffälligsten und meist zitierten Ergebnisse: Mobbing ist ein großes Problem an deutschen Schulen! Mobbing – ein sehr fieser Gegenspieler der Wertschätzung. Jeder sechste 15-jährige Schüler in Deutschland wird nach dieser Studie regelmäßig Opfer von teils massivem Mobbing in der Schule.

„Mobbing und ein zunehmend verrohender Umgang in der Gesellschaft und im Internet zeigen, dass die klassischen Kompetenzen – wie die Fähigkeit, WERTEORIENTIERT und reflektiert zu handeln, Konflikte zu lösen und mit anderen Menschen konstruktiv und sozial

zusammen zu leben – heute aktueller denn je sind!", sagt Susanne Eisenmann, Präsidentin der Kultusministerkonferenz.[1]

Und Andreas Schleicher, der OECD-Direktor ergänzt: *Mobbing müssen wir in Deutschland viel stärker thematisieren, weil es hier oft noch an den Rand gedrängt wird. (...) Man dürfe Schulpsychologen und Sozialarbeiter nicht alleine lassen mit dem Thema.*

Ich stimme ihm zu und ergänze: Wir müssen es vor allem mit der Wunderwaffe Wertschätzung bekämpfen. Denn indem wir das Leben von anderen Menschen erhellen, wird die Welt ein wenig besser.

Jetzt fühle ich mich schon fast selbst wie Veit Lindau. Das geht doch mehr wie Tim, oder!?

Ich denke an den „Blumenwerfer", das bekannte Motiv des Straßenkünstlers Banksy, das ich auf dem Cover dieses Buches als T-Shirt trage: Ein Vermummter wirft statt des vermuteten Molotow-Cocktails ... einen Blumenstrauß. Wunderwaffe Wertschätzung! Genau das ist es, was ich erreichen will, im Großen wie im Kleinen. Aufbauen statt Einreißen. Freude schenken statt beleidigen. Wertschätzung statt Shitstorm. Böses mit Gutem überwinden. Sich einfach wieder mehr entgegen kommen – im Treppenhaus oder in der Kita, im Dönerladen oder auf dem Amt.

Machen Sie mit beim Blumenwerfen?

Wertschätzung fängt immer bei dir selbst an:

PARI ROEHI – DAS ETWAS ANDERE „TOPMODEL"

Mein erstes Treffen auf der Spur der Wertschätzung ist ein Heimspiel – mitten in Berlin. Ich treffe eine Frau, die mir das erste Mal vor knapp drei Jahren bewusst begegnet ist: immer donnerstags auf Pro7. Bei den Topmodels. Bis Modedesigner und Juror Wolfgang Joop diesen Satz zu ihr gesagt hat: *„Du bist wunderschön. Aber im Vergleich mit den anderen Mädchen stichst du so sehr heraus – und zwar nicht nur durch deine Art, durch deine Schönheit, die so ladylike ist, dass die anderen aussehen wie kleine, freche Schülerinnen."*

Und damit war sie raus. Zumindest aus der Show. Schön formuliert von Jurymitglied und Modedesigner Wolfgang Joop, aber es bedeutete eben doch das Ende.

Und gleichzeitig den Anfang. Denn ab sofort war sie drin. Im Modelgeschäft. Und in der Öffentlichkeit. Pari Roehi hatte einige Woche zuvor in der zehnten Staffel von Heidi Klums *Germany's Next Topmodel* eindrücklich dafür gesorgt, dass die Castingwelt für einen Moment einen tieferen Sinn bekam, als nur den „Schöner – Dünner – Fieser"- Kreislauf zu bedienen. Sie hat ihre Geschichte erzählt. Vor und hinter der Kamera. Und war dabei eben sie selbst.

Ich habe ihren Weg weiterverfolgt, irgendwann waren wir in der gleichen Agentur. Ich hätte zwar nie gedacht, dass ich mich mit dieser mega-erfolgreichen Show GNTM auf Pro7 mal in Sachen Wertschätzung näher auseinandersetzen würde, aber dass ich es getan habe, liegt vor allem an diesem besonderen Menschen.

An einem sonnigen Donnerstag im Mai treffe ich Pari Roehi im „Spreegold" direkt an der Gedächtniskirche. *Eigentlich ist es gar nicht diese GNTM-Episode aus ihrem Leben, die ich als bewundernswert und krass einstufe,* denke ich, als die 28-jährige mir am verabredeten Treffpunkt entgegenkommt. *Es ist die ganze Geschichte, aus der die GNTM-Szene nur einen Ausschnitt bietet.*

Und auch dieses Treffen ist nur ein Ausschnitt. Ein bunter, abgedrehter und doch so geerdeter. So wie ihn nur Pari bieten kann. Sie wirkt entspannt, frisch, sieht auch live sehr gut aus und begegnet mir genauso wie allen anderen Menschen und Herausforderungen in ihrem Leben: Offen und mit einer „Wenn ich es will, kann ich es auch schaffen"-Haltung. Und die hat sie sich hart erarbeitet.

Wenn ich morgens aufwache, dann bin ich direkt dankbar.

Pari ist im Iran geboren. Im Körper eines Jungen. Sie spürte schon früh, dass sie anders ist, sich anders fühlt, im falschen Körper wohnt. Parham ist da ihr Name, das bedeutet „schimmernder Mond". Allzu schimmernd ist ihre Kindheit allerdings nicht. Die Mutter flieht mit dem kleinen Par und seinem Bruder Pedram. In erster Linie vor dem Vater, denn die Ehe ist die Hölle für Paris Mutter. Erst landen sie in

Teheran, dann geht es weiter in die Niederlande. Dort wohnen sie zunächst in Notunterkünften, und spätestens hier erwacht die Kämpfernatur von Pari.

Aus ihrer Zeit in den Niederlanden ist ein holländischer Akzent übriggeblieben. Außerdem streut Pari immer wieder englische Wörter in ihr perfektes Deutsch. Das hat sie von ihrem damaligen Freund gelernt, mit dem sie vor fünf Jahren nach Berlin gezogen ist. Mittlerweile ist sie wieder Single und gerade von einem Ibiza-Trip zurückgekehrt.

Wir setzen uns an einen Tisch, bestellen Getränke und sind direkt im Thema. „Wie schön, dass ich mit dir hier sitzen und den

Cappuccino genießen kann“, sprudelt sie los. „Überhaupt – ich finde ja, wenn wir über Wertschätzung sprechen wollen, fängt das immer bei einem selbst an. Und bei der Dankbarkeit. Ich schätze all die kleinen schönen Dinge meines Alltags wirklich sehr. Wenn ich morgens aufwache, dann bin ich direkt dankbar. Dafür, dass ich mit meinem Hund Gassi gehen kann; einfach für die ganzen Sachen, die ich mache. Auch dafür, dass wir uns hier heute treffen und über wichtige Themen reden können“

Wow, da hat sie ja gleich schon den idealen Einstieg ins Thema geliefert! Der Smalltalk fällt einfach mal flach, und deshalb komme ich direkt mit einer vorher zurechtgelegten Fangfrage um die Ecke. Ich bin gespannt, ob es funktioniert.

„Pari, ab wann hast du eigentlich gemerkt ...“

Ich mache eine Kunstpause und nehme mit schelmischem Vergnügen wahr, dass die sonst so strahlende Frau auch ganz anders gucken kann. Ihr Blick wechselt im Bruchteil einer Sekunde von „Mir macht der Talk Spaß“ zu „Das ist jetzt nicht sein Ernst!“.

„... dass du ein Buch schreiben musst?“, vollende ich den Satz und grinse vor mich hin.

Bäm, mein Bluff hat funktioniert. Pari lacht erleichtert auf und ist direkt wieder entspannt. Sie hatte natürlich mit der Endung: „... dass du eine Frau sein möchtest?“ gerechnet. Diese Frage nervt sie erstens tierisch, und sie entlarvt zweitens sofort den Fragesteller.

Ich bin froh, dass ich mich vorher in ihrem eben erwähnten Buch „Mein bunter Schatten“[2] schlau machen konnte, denn ganz ehrlich: Ich habe, ebenso wie der Großteil der Gesellschaft, nicht den Hauch einer Ahnung, was in einem Menschen vorgeht, der im für ihn falschen Körper zur Welt kommt und der als „Transgender“ bezeichnet wird.

Schon allein das Fremdwort löst bei vielen Menschen Irritation, Angst und damit auch automatisch Abwehr hervor, obwohl sie nicht mal wissen, was es bedeutet.

Während mir Pari erzählt, dass sie nie geplant hatte, ein Buch zu schreiben, und sehr überrascht ist, dass sie mit ihrer Geschichte Menschen inspiriert, höre ich nur mit einem Ohr zu, weil ich noch über ihre Reaktion auf meine kleine rhetorische Täuschung nachdenke.

Wenn ich mich vorher nicht intensiv mit ihrer Geschichte beschäftigt hätte, dann wäre ich genau ins Fettnäpfchen getreten. Wahrscheinlich ohne Konsequenzen, aber ich mache mir im Kopf eine Notiz: Erläutere genauer, was der Begriff Transgender bedeutet. Und das tue ich hiermit. Kurz und knackig:

> ***Transgender*** *(lateinisch trans ‚jenseitig', ‚darüber hinaus' und englisch gender ‚soziales Geschlecht') ist eine Bezeichnung für Menschen, deren Geschlechtsidentität oder Geschlechtsrolle von demjenigen Geschlecht abweicht, das ihnen zu Beginn ihres Lebens aufgrund körperlicher Merkmale zugewiesen wurde. (aus Wikipedia)*

Mir hat diese Definition geholfen. Denn obwohl ich immer noch nicht weiß, wie sich ein Mensch mit dieser Identität und Rolle fühlt, weiß ich nun doch, dass es in der Entwicklung ihrer Gefühle keinen Schalter gibt, der umgelegt werden muss und der ihnen signalisiert: So, ab sofort bist du ein Mann oder eine Frau!

Nein, durch diese sachliche Information kann ich mir vorstellen, dass so eine Identitätsabweichung ein Chaos der Gefühle auslöst und auf so viele innere und äußere Barrieren trifft, dass es einen ganz wahnsinnig machen kann. Wenn dann auch noch die Mitmenschen mit Ablehnung, Zynismus oder Unverständnis reagieren, dann wird es nicht gerade leichter. Und das gilt auch für andere Menschen, die scheinbar von der Norm abweichen. Sei es kulturell, religiös, sexuell oder in der Herkunft. Nennen wir es Vorurteile, Schubladendenken, einen engen Horizont ... wie auch immer. Es nervt auf jeden Fall, und es lauert an jeder Ecke.

Paris Reaktion hat mir gezeigt, dass sie schon sehr oft mit diesen Dingen gekämpft hat. Das macht manchmal müde. Und wütend.

Pari erzählt mir später noch, wie sie manchmal beschimpft wird. Aber sie resigniert nicht. „Weißt du, Tim, die Neider und Hater reize ich durch mein Glück“, sagt sie und wirft ihre Haare zurück. „Ich liebe es, Menschen, die mich verurteilen oder beschimpfen, durch ein Lächeln wütend zu machen.“

> Ich liebe es, Menschen, die mich verurteilen oder beschimpfen, durch ein Lächeln wütend zu machen.

Was für eine großartige Taktik.

Und meine erste Wertschätzungsnotiz, die ich mir innerlich notiere. Wertschätzung hat ganz viel mit mir selbst zu tun. Ich habe einen großen Anteil daran, ob und wie mir jemand die Laune vermiest. Ich kann negative Vibes im wahrsten Sinne des Wortes weglächeln, mich innerlich entscheiden, nicht auf die kritischen Geister zu hören, sondern mich gerade in solchen Momenten auf das Glück meines Lebens besinnen. Und es damit höher schätzen als das Negative.

Wie einfach. Wie großartig! Und wahrscheinlich bedarf es doch einiger Übung, um das zu beherzigen.

Menschen, die Pari die „Wann ...?“-Frage aus ehrlichem Interesse stellen, denen begegnet sie auch ehrlich. Ein Satz von ihr, den ich in einem Interview gelesen habe, bestätigt dies: „Ich war immer eine Frau“, sagt sie darin. „Schon als Kind habe ich gedacht, dass ich ein Mädchen bin. Das Geschlecht hat nicht gepasst. Aber ansonsten werde ich erwachsen wie jede andere Frau auch. Vielleicht ein bisschen anders, weil ich eine Geschichte habe.“

Und manchmal entgegnet sie dieser Frage auch mit einer Gegenfrage: „Ab wann wusstest du denn, dass du eine Frau/ein Mann bist?“

Längst kämpft sie nicht mehr nur für sich, sondern für viele andere Menschen, die sich so fühlen wie sie. Sie ist noch nicht mal 30 und schon zu einer Symbolfigur für Transgender-Menschen geworden. Viele vertrauen sich ihr an, erzählen ihr ihre Vita und schöpfen neue Kraft und Motivation aus ihrer Geschichte. Später möchte sie im Iran ein Heim für Transgender-Kinder und Jugendliche gründen.

„Mein Outing bei GNTM war gar keine große Sache für mich“ sagt sie und ich bin schon längst wieder mit beiden Ohren und meinem Herzen bei ihr. „Es hat ordentlich Einschaltquoten gebracht. Die haben das richtig zelebriert. Aber viel wichtiger ist, dass ich vielen Menschen damit gezeigt habe: Hey, da ist jemand, der empfindet genauso wie ich. Das gibt ähnlich Empfindenden Halt. Es ist für mich eine Ehre und macht mich gleichzeitig ganz demütig. Denn ich lebe einfach mein Leben. Manches gelingt, manches gelingt nicht. Aber ich bin mir ganz sicher: Wenn man etwas wirklich will, dann kann man es schaffen. Schau mich an. Ich war ein Flüchtlingskind.“

Da hat sie Recht. Und dieses Flüchtlingskind landet in den 1990er-Jahren in Holland und muss sich durchkämpfen. Vom Stiefvater geschlagen, von einem Sozialarbeiter missbraucht und in der Schule ein Außenseiter.

Als Teenie probt sie den Aufstand gegen ihre Eltern und die Gesellschaft. Par genießt – noch im Jungenkörper – das Nachtleben und die dazugehörigen Drogen. Eine gefährliche Zeit, die auch komplett im Abgrund hätte enden können. Gleichzeitig beginnt Par zu modeln. Mit 14 besucht sie erstmals das Transgender-Zentrum in der Amsterdamer Universitätsklinik. Vorher hatte sie keine Ahnung, dass eine Geschlechtsangleichung überhaupt möglich ist.

Sie zieht das komplette Programm durch. Mit allen Höhen und Tiefen, Rückschlägen und Fortschritten. Immer an ihrer Seite: die Mutter, Paris absoluter Rückhalt. Sie steht immer zu ihr, auch wenn es ab und zu Auseinandersetzungen gibt.

Mit 19 dann die langersehnte OP. Aus Par wird Pari. Und auf einmal der unverhoffte Satz ihres Stiefvaters: „Pari, ich bin stolz auf dich! Du hast dich entschieden, diese Operation zu machen. Du bist den Weg gegangen und der war bestimmt nicht immer einfach."

Der Mensch, der sie als Kind misshandelt hat, macht ihr Komplimente. Konnte sie das annehmen? „Ja, denn ich habe ihm vergeben. Mein Verhältnis zu ihm hat sich gebessert. Nachdem er das Buch gelesen hatte, hat er mich angerufen und am Telefon geweint. Er war damals einfach viel zu jung und musste schon zu viel Verantwortung übernehmen", sagt Pari mir.

Vergeben!

Puh!

Was für ein großes Wort. Nicht alltäglich. Im Grunde sowas wie die Königsdisziplin. Und die Basis für so vieles. Ja, auch für die Sache mit der Wertschätzung. Das habe ich selber schon öfter erlebt und dabei gelernt: Vergebung bedeutet nicht „Schwamm drüber" oder „Wir lassen mal Gras über die Sache wachsen", sondern Vergebung ist ein Prozess, der Mühe macht und den man nicht erzwingen kann. Der läuft bei jedem Menschen anders ab und ist doch immer mit einer Entscheidung verbunden; der aktiven Entscheidung, dem anderen diese Sache nicht mehr vorzuhalten. Das kann Frieden bringen. Ohne Zwang und in Freiheit.

Pari erklärt es mir: „Mein Ziel ist es, dem anderen zu vergeben, damit wir beide auf unserem Lebensweg weitergehen können. Dabei geht es vor allem um mich. Wenn ich nicht vergebe, dann hängt mir die Sache nach, ich ärgere mich täglich. Ich habe auch dem Mann vergeben, der mich sexuell missbraucht hat."

Ein Kraftakt. Wahrscheinlich auch immer wieder neu. Aber Pari ist der lebende Beweis dafür, dass es möglich ist. Dass selbst größte Krisen und Konflikte so zur Ruhe kommen können.

„Hass ist krass, aber Liebe ist krasser" lautet ihr Motto. Loslassen und weitergehen. Das bedeutet nicht, dass sie vergisst. Auch die Traurigkeit ergreift manchmal Besitz von ihr. Aber sie lässt sich nicht von ihr vereinnahmen.

Das ist ein sehr intensiver Moment unseres Gesprächs. Denn hier kommt die Pari zum Vorschein, die es sonst in der Öffentlichkeit nicht zu sehen gibt. Das hat auch seine Berechtigung, ich merke nur, dass ich es sehr sympathisch finde, dass sie melancholische Momente zulässt, ohne in Selbstmitleid zu verfallen. Das ist bewundernswert.

Dann wird Pari ziemlich deutlich: „Klar könnte ich auch manchmal jemanden zum Mond schießen. Aber Weinen und Jammern und Rumsitzen bringt nichts. Ich stehe auf und gehe los. Das ist der Trick. Und: man darf sich nicht scheuen, andere Menschen um Hilfe zu bitten. Schätze das wert, was du schon erreicht hast. Und ganz wichtig: Sei ruhig auch mal böse und schimpf darüber, dass es nicht schneller geht, aber bleib nicht dabei stehen."

Hass ist krass,
Liebe ist krasser.

Ich nehme mein Glas mit Wasser und sage: „Darauf müssen wir anstoßen. Prost!"

Weil ich es auch so sehe. Vergebenen Chancen trauere ich selten lange hinterher und ich sehe in jeder Niederlage auch das Positive. Aber die Kleinigkeiten wertschätzen; das ist bei mir noch ausbaufähig ...

Aber Pari ist noch nicht fertig: „Jeden Abend nehme ich mir zehn Minuten Zeit, um für das Gute in meinem Leben zu danken. Gott, Buddha, dem Universum, wem auch immer. Ich danke für meinen Hund, dafür, dass meine Haare heute so schön lagen und für das Glück, das ich im Leben habe. Mach das auch!! Denn: *What goes around comes around.*"

Ich übersetze mir das auf die Schnelle mit „Wie man in den Wald hereinruft, so schallt es heraus" nicke wieder und trinke den letzten Rest aus der eigentlich schon leeren Cappuccino-Tasse. Eine Übersprunghandlung. Denn ich merke, dass es jetzt für mich dran ist, Farbe zu bekennen. Nach dem, was Pari alles von sich preisgegeben hat, ist das nur fair. Und wichtig.

Als Pari eben erzählte, dass sie dafür dankt, wenn ihre Haare schön liegen, fiel es mir wieder ein: Es geht um MEIN Haupthaar. Das ist nämlich ein ganz wunder Punkt bei mir. Es wird weniger. Und zwar deutlich. Das stört mich sehr. Dabei würde ich mich selbst gar nicht als eitel beschreiben. Grundsätzlich zumindest. Aber in meinem Job muss ich schon auch ein bisschen aufs Äußere achten. Denn neben den Fähigkeiten, die Tim Niedernolte ausmachen, geht es auch um die Optik.

Ich finde mich grundsätzlich ganz gutaussehend. Das wird mir auch gespiegelt. Aber die Damen in der Maske haben vor Sendungsbeginn leider immer mehr Mühe, meine Frisur so hinzuzaubern, dass mein Haar voll aussieht. Und privat meine ich immer mehr verstohlene Blicke von meinen Gesprächspartnern zu erhaschen, die auf meine Haare gerichtet sind.

Sagen wir, wie es ist: Es wurmt mich gerade gewaltig. Und das sage ich auch Pari. Wie geht sie mit solchen „Problemzonen" um?

Auch hier nimmt sie keinen Umweg, sondern sieht mich an und sagt direkt: „Nur du kannst es ändern. Wenn es dich so sehr stört, dann setz dich mit einer Haartransplantation auseinander. Was ist daran schlimm? Und wenn du gerade einen Prozess durchmachst, an dessen Ende steht, dass du dich so akzeptierst, wie du bist, dann ist das super."

Und dann sagt sie noch: „Umgib dich mit Menschen, die dir guttun. Das rate ich auch all den Menschen und vor allem Mädchen, die im Modelbusiness sind oder alles dafür tun, um hineinzukommen. Da geht es meist um oberflächliche Dinge. Nicht falsch verstehen, ich liebe Schönheit und Eleganz und ich habe einiges dafür getan, um da hineinzukommen. Aber es ist nicht das reale Leben. Dessen muss man sich immer bewusst sein. Ich habe mit viel Druck zu kämpfen."

Druck. Na klar, der gehört auch dazu. Und es ist ein Teil des Jobs, sich diesen Druck nicht anmerken zu lassen. Bei Pari und auch bei mir.

„Deshalb“, so fährt sie fort: „Genieße das, was du schon erreicht hast in vollen Zügen, ohne dich darauf auszuruhen. Das bedeutet Leben. Und das ist auch gleichzeitig der wertvolle Rat meiner Mama an mich. Die sagt einfach ‚Leb, Pari!‘ Und das tue ich.“

Oh ja, das tut sie. Und sie nimmt dabei in Kauf, auch gegen harte Fronten kämpfen zu müssen. Im Modelbusiness oder im TV-Geschäft. Denn über kurz oder lang möchte sie eine Kollegin von mir werden und als Moderatorin arbeiten. Die Produzenten, mit denen sie redet, sind noch sehr skeptisch und fragen sich mit Blick auf den Quotendruck: Ist Deutschland schon reif für eine Transgendermoderatorin?

Als ich das höre, platzt mir fast die Hutschnur. Das kann einfach nicht wahr sein! Warum haben viele Entscheider so viel Angst? Ist Deutschland reif für eine Transgender-Moderatorin? Warum denn eigentlich nicht? Ist Deutschland reif für einen Moderator mit Migrationshintergrund in den 19:00-Uhr-Nachrichten? Ganz klar! Ist Deutschland reif für eine Revolution der Wertschätzung? Und jetzt alle: Natürlich!!

Lasst uns bitte damit anfangen!

Vielleicht reicht es schon, wenn wir die Bedenkenträger in uns mal genauer unter die Lupe nehmen und überprüfen. Was sind wirkliche berechtigte Einwände? Und wo herrscht einfach unbegründete Angst vor Neuem und Unbekanntem, das stattdessen eine ordentliche Prise Wertschätzung vertragen könnte?

„Ich verstehe, dass die Menschen vor Neuem Angst haben“, sagt Pari. „Das ist nur menschlich. Und auch Ausgrenzung hat eine Ursache. Wir machen Witze über Dinge, die wir nicht verstehen. Wir grenzen uns ab, bauen höhere Zäune, damit wir uns nicht zu sehr mit der Andersartigkeit auseinandersetzen müssen. Es könnte ja anstrengend werden. Ich verstehe das. Aber ich toleriere es nicht. Weil ich selbst erfahren habe, wie wertvoll und gut es ist, sich mit anderen Menschen und Dingen auseinanderzusetzen. Ich erwarte nicht, dass jeder Mensch meinen Lebensstil akzeptiert. Aber ich erwarte, dass ich respektiert werde. Und dafür kämpfe ich.“

Zum Beispiel bei *Germany's Next Topmodel* im Jahr 2015. Da hat einer der Juroren, Thomas Hayo, Pari mit einer flapsigen Bemerkung auf die Palme gebracht: „Hatten wir nicht gestern bei ihr ... ihm ... gesagt: kein Make-up?“

Sie hat Hayo einen Tag gegeben, um sich zu entschuldigen. Er hat es nicht getan. Aber Pari hat ihm vergeben. Damit sie weitergehen konnte. Mit Wolfgang Joop hat sie immer noch Kontakt. Sie geht ihren Weg. Und ich schätze, ich werde sie bald als Moderatorin wiedersehen. Vielleicht präsentieren wir beide ja irgendwann einmal gemeinsam eine Sendung. Ich hätte voll Bock drauf!

Vor und hinter der Kamera beweist die mittlerweile 28-jährige Pari aber schon jetzt immer wieder, dass man die Welt mit einer positiven Ausstrahlung und einem festen Willen aus den Angeln heben kann. Im Großen und im Kleinen. Das finde ich sensationell.

Und mir hat sie gezeigt, wie schillernd und tief ein Mensch gleichzeitig sein kann. Wir umarmen uns lange zum Abschied.

Ich habe nicht erwartet, dass die meisten Wertschätzungstipps von Pari mich selbst treffen. Ich habe gedacht, jetzt gibt es ein paar knackige Tipps, und die gebe ich direkt an Sie als Leser weiter. Aber ich merke, es geht in erster Linie um mich. Es geht um die eigene Haltung dem Leben gegenüber. Wie nehme ich meine Situation wahr? Sehe ich die Dinge, die gelingen, und feiere sie gebührend, oder stehen die Dinge im Vordergrund, die scheinbar nicht klappen? Ich kann zu einem gewissen Anteil selbst bestimmen, wie sehr ich die Kritik von anderen an mich heranlasse.

Auch die Dankbarkeit unterstreiche ich noch einmal dick in meinen Gedanken. Auch eine Lebenseinstellung. Dankbar sein und diesen Dank auch äußern. Gott gegenüber.

Meinen Mitmenschen gegenüber. Ihnen gegenüber. Deshalb: Danke, dass Sie dieses Buch lesen. Das ist nicht selbstverständlich.

Und Paris anderer Appell hallt auch noch nach: Verändere das, was du verändern kannst und willst. Setz dich damit auseinander und zieh deine Schlüsse daraus. Gute Idee.

Ich setze mich noch eine Weile auf die Terrasse des „Spreegold". Alleine. Zum Gedanken sortieren. Kommen Sie mit?

Warum es so wichtig ist, das zu schätzen, was man ist und hat.

ODER: LÄCHELN – UND NIEMALS DAS BIER LOSLASSEN

Die Hektik in der vor Sommerhitze flimmernden Hauptstadt ist selbst in der dritten Etage zu spüren. Ich habe mich mit einem frisch gezapften Bierchen in den Schatten der Dachterrasse verzogen.

Mein Blick fällt auf den Breitscheidplatz. Die Blumen und Kerzen vor der Gedächtniskirche sind immer noch da. Sie erinnern an den furchtbaren Anschlag vom 19. Dezember 2016, an dem der islamistische Attentäter Anis Amri mit einem gekaperten Laster auf den Weihnachtsmarkt an der Gedächtniskirche gerast ist und dabei 12 Menschen getötet und knapp 70 verletzt hat.

„Ein skurriler Ort", denke ich. Hier, wo ein Gebäude wegen seiner Hässlichkeit fotografiert wird, weil es als Mahnmal für den Frieden dient. Genau hier werden in friedlichen Zeiten Menschen getötet.

Und plötzlich habe ich einen Flashback: Einen Tag nach dem Anschlag bin ich selbst an die Unglücksstelle gefahren. Ich hatte frei und wollte unbedingt dort hin: trauern, innehalten, eine Kerze anzünden. Endlich mal die Zeit haben, meinen Gefühlen unmittelbar da nachzuspüren, wo der Terror zugeschlagen hat. Und einmal nicht vor einem großen Monitor im Studio stehen und „nur“ via Screen und live-Schalte von außen draufgucken. Vermittelt und vermittelnd. Das hatte ich in den letzten Jahren zu oft getan. Erschreckend oft.

Das, was ich rund um den Breitscheidplatz gespürt habe, hat mich sehr bewegt. Traurige Blicke, viel Presse und ein großes Fragezeichen schwebte über allem. Wie können wir uns gegen so etwas wehren? Was kommt da in Zukunft noch alles auf uns zu? Wo knallt es als Nächstes?

Aber noch viel mehr hat mich das Tempo überrascht, mit dem die vielen Menschen dort und ich selber schon kurz danach wieder zur Tagesordnung übergegangen sind.

19. Dezember: Anschlag. Schock! Ständiges Nachrichten checken. Keine Worte! Mitgefühl – Trauer – Angst!

20. Dezember: Selbst hin, Kerze anzünden, trauern, nachdenken.

21. Dezember: Wieder hin, diesmal als Reporter. Über die Tat berichten, Passanten interviewen, eine Einschätzung und aktuelle Fakten weitergeben.

Mikro aus.

Und: Abhaken!

Denn als ich um 16:00 Uhr unsere Tochter aus der Kita abholte und ihr bezauberndes Lächeln sah, ließ sich dieses Lächeln nicht mit den Bildern des Attentats in Einklang bringen und mein Gehirn machte sich selbstständig. Das Leben ging direkt weiter, und es fühlte sich so an, als hätte der emotionale Teil des Gehirns einen Schalter umgelegt und aus Selbstschutz den Blick auf die positiven Dinge meines Lebens gelenkt. Und das war ein Segen.

Doch manche Eltern würden an dem Tag nicht in der Kita erscheinen, weil sie entweder im Krankenhaus lagen oder, noch schlimmer, beim Attentat ums Leben gekommen waren.

Die Welt ist ungerecht! Die Frage ist nur, wie wir als Menschen damit umgehen. Ich greife mir mein Bierglas, stehe auf, lehne mich an die Mauer und schaue nun direkt auf den Tatort von damals.

Die Menschen bleiben immer noch stehen, aber es ist nichts mehr von Angst und Trauer zu spüren. Im Gegenteil: Ein Pärchen steht eng umschlungen vor der Gedächtniskirche. Andere machen Fotos. Nicht von den Blumen oder Kerzen, sondern von dem Bauwerk. Das sehe ich sogar von hier oben.

So gehen wir mit solchen Dingen um. Nicht sehr wertschätzend, oder doch? Mein persönlicher Umgang mit dem Attentat vom Breitscheidplatz hat mich überrascht, weil ich tatsächlich dachte, dass ich mich an so etwas einfach nicht gewöhnen darf. Ich wollte es mir verbieten. Aber es hat nicht funktioniert. Und das Lächeln meiner Tochter hat mir dabei geholfen.

Lächeln.

Was meinte noch Pari? „Weißt du Tim, ich liebe es, Menschen, die mich verurteilen oder beschimpfen, durch ein Lächeln wütend zu machen", hat sie mir gesagt. Und gelächelt.

Und sie hat den Satz noch weiter ausgeführt: „Wenn du auf negative Schwingungen, Kritik und Hass ebenfalls mit Hass, Kritik oder Angst und Unsicherheit reagierst, dann haben diese Menschen Macht über dich bekommen, und das möchte ich nicht. Ich entscheide mich dagegen. Denn es bringt mir nichts und es macht die Situation an sich auch nicht besser. Ich möchte diesen ‚Hatern' nicht den Triumph überlassen. Ich entscheide mich zu lächeln. Das fällt nicht immer leicht, aber es wirkt. Es ist kein überlegenes Lächeln, kein Siegerlächeln, das auf die anderen herabschaut und sie klein macht. Nein, es signalisiert einfach nur: Deine Aktion macht mich nicht kaputt. Ich lächle, weil du mich nicht kleinkriegst. Es geht nicht um dich. Es geht um mich."

Diesen Ansatz finde ich super. Deshalb schneide ich ihn aus dem Gespräch heraus und klebe ihn direkt in meinen Wertschätzung-Gedankengang.

Es klingt unglaublich, aber auch das Breitscheidplatz-Attentat hat etwas mit Wertschätzung zu tun. Natürlich nicht das Attentat an sich, sondern die Art, wie wir damit umgehen.

Ich erinnere mich an ein Interview, das der Deutschlandfunk kurz nach dem Anschlag in Berlin mit dem renommierten Gewalt- und Angstforscher Boris Bandelow geführt hat. Auf die Frage, wohin uns die Angst vor Terroranschlägen in den kommenden Jahren treiben könnte, antwortete er: „Man muss auch immer damit rechnen, dass auch in unserem Lande eine Veränderung stattfindet, zum Beispiel Richtung Abschottung in irgendeiner Form, dass bestimmte liberale Dinge geändert werden. Damit muss man rechnen, weil einfach viele Angst haben. Und das wird sich in der Gesellschaft schon deutlich auswirken."[3]

Das ist die logische Konsequenz aus diesen Ereignissen. Es ist ein normales Verhalten. Unsere Gesellschaft wird misstrauischer. Wir beäugen uns gegenseitig mit komischen Gedanken, igeln uns ein und bauen höhere Zäune um unsere Gärten als sonst.

Und das möchte ich weglächeln.

Mein Ziel ist es nicht, die Verantwortlichen wütend zu machen. Nein, ich möchte sie bedeutungslos machen! Ich möchte für mich entscheiden, dass diese Menschen keine Macht über mein Leben haben.

Ich möchte mit meinem Lächeln nicht die Opfer der Anschläge verhöhnen. Und auch nicht deren Angehörige. Mit denen möchte ich weiterhin weinen und betroffen sein, fluchen, für sie beten und mit ihnen trauern. Ebenso weiß ich, dass mein Lächeln wahrscheinlich einfriert, wenn meine Lieben oder ich von einem solchen Unglück getroffen werden. Das möchte ich klarstellen. Aber ich möchte der wabernden Angst keinen Spielraum geben. Denn diese Angst lähmt und sie ist nicht lebensförderlich. Sie dient dazu, Mauern noch höher zu bauen, aber sie hilft nicht, die Ursachen zu bekämpfen. Denn auch eine angstbesetzte Einstellung verhindert keine Attentate.

Ich möchte lächeln. Ein zuversichtliches Lächeln, das zeigt: Menschen, die so etwas tun, wollen die Demokratie zerstören, wollen uns den Lebensmut nehmen und damit die Grundlage des Seins rauben.

Vielleicht lächeln Sie jetzt auch. Über mich. „Ja, ja, der Niedernolte. Der macht es sich aber einfach." Und das tue ich tatsächlich, denn ich fange dort an, wo es am einfachsten ist.

Bei mir selbst.

Und das ist zugleich unheimlich schwierig. Denn wenn ich meine Mundwinkel nach oben ziehe, dann hat das Auswirkungen auf den ganzen Körper. Versuchen sie es mal.

Dreißig Sekunden lang lächeln. Einfach lächeln.

Das verändert. Mich. Und darum geht's in erster Linie. Es ist einfach, mit dem Finger auf Politiker und Medien zu zeigen, die entweder dem Terror nicht entschlossen genug entgegen treten oder durch die Art von Berichterstattung eine Plattform bieten. Auch das ist wichtig, das weiß ich als Journalist und Moderator einer Sendung, in der es oft um Unglücke geht, nur zu gut. Und ich bin selbstkritisch genug, um meine Haltung zu hinterfragen.

Aber trotzdem möchte ich noch einen Schritt früher beginnen. Bei mir. Zum Beispiel, indem ich nicht immer an den Dingen herumdenke, die ich nicht habe, die nicht gelungen, die negativ sind und mich belasten.

Auch das habe ich aus dem Gespräch mit Pari mitgenommen. Sie sagte: „Schätze das wert, was du bereits hast." Und wurde noch konkreter: „Jetzt ist der Moment, in dem du lebst. Sei dankbar, dass du den Job hast, den du hast. Dass du ein Buch über so ein wichtiges Thema schreiben darfst. Dass du einen Verlag gefunden hast, der das druckt. Dass wir jetzt hier sitzen und das Buch Wirklichkeit wird. Dass ein Fotograf extra aus Hamburg angereist ist und mit dafür sorgt, dass dieses Buch entsteht. Das ist doch ein Privileg. Lächle über dein Sein. Und sperr damit all das aus, was dich runterzieht. Liebe das Leben und liebe dich selbst."

Schätze das wert, was du bereits hast. Jetzt ist der Moment, in dem du lebst. Sei dankbar!

Krasse Erkenntnis. Lächeln. Das Leben lieben. Sich selbst lieben. Dankbar sein. In aller Unvollkommenheit und zwischen all den Krisenherden in meinem Leben und in der Welt an sich. Lächeln. Nicht zynisch, sondern wohlwollend. Das fängt tatsächlich bei mir an.

Ich schaue auf die Kaiser-Wilhelm-Gedächtniskirche. Neben ihrer Funktion als Mahnmal für den Frieden ist diese Kirche ein wichtiger Treffpunkt mitten in Berlin. Gottesdienste, Andachten, Konzerte und vieles mehr versprühen Hoffnung. Auch oder gerade inmitten von Katastrophen. Der Gründer der christlichen Religion, Jesus Christus, hat Liebe gepredigt. Und gelebt. Deutlich wird das in einer konkreten Handlungsanweisung, die er einmal von sich gegeben hat. Ein Dreiklang, der ebenfalls so banal klingt wie „Einfach lächeln", der aber bei der praktischen Umsetzung sehr herausfordernd werden kann. Er sagte einmal:

Liebe Gott.

Liebe deinen Nächsten.

Liebe dich!

Und das „sich selbst lieben" steht nicht zufällig dort. Denn nur, wenn ich mich selbst annehme, kann ich auch meinen Nächsten annehmen. Und nur wenn ich mich selbst akzeptiere, kann ich auch den akzeptieren, der mein Schöpfer ist. Nur wenn ich mich selbst wertschätze, kann ich auch anderen wertschätzend begegnen.

Ja, das ist meine erste Lektion: Wertschätzung beginnt bei mir selbst. Und diese Einstellung hilft mir, mich nicht von den sich auftürmenden Sorgen der Welt niederdrücken zu lassen. Die sind zwar da, und ich nehme sie auch ernst. Aber sie kriegen mich nicht klein.

Denn ich lächle.

Mit diesem Gedanken stehe ich auf und verlasse das „Spreegold". Und während ich mich in Richtung U-Bahn-Station begebe, merke ich, dass da doch noch eine gewisse Unzufriedenheit in mir ist.

Ich lächle .... Das klingt so esoterisch. So abgehoben. Das bin irgendwie nicht ich. Da fehlt noch was von Tim. Etwas Handfestes. Ich lasse den Gedanken erstmal los und beschäftige mich mit anderen Dingen.

Tage vergehen. Monate vergehen. Und dann finde ich es doch. Das Bild, der Moment, der genau das symbolisiert, was ich mit dem Lächeln meine. Was zu mir passt. Der Tim-Moment.

Das Bild findet mich in der Nachberichterstattung über eine weitere Katastrophe. Am 3. Juni 2017 töten drei islamistische Terroristen mit einem Lieferwagen drei Fußgänger auf der

London Bridge, fünf weitere auf einem Markt. Sie verletzen insgesamt 48 Menschen. Polizisten erschießen die Täter.

Ich lächle nicht. Bin erschüttert und informiere mich über die Tat. Ich lese einige Artikel. Und bleibe bei einem Text der dpa hängen. Thematisch geht es um den Umgang der Londoner mit den Terroranschlägen. Denn die britische Hauptstadt erwischte es mehrmals innerhalb kürzester Zeit. Kurz innehalten, aber dann weiterleben, als wäre nichts gewesen – das entspricht der Devise, die von Politikern und Terror-Experten ausgegeben wird: „Keep calm and carry on" – ruhig bleiben und weitermachen. London ist darin besonders gut. Man nennt es dort „Blitz Spirit" – inspiriert von jener typisch englischen Mischung aus Phlegma und Todesverachtung, die die Londoner während der deutschen Bombardierung im Zweiten Weltkrieg („The Blitz") an den Tag legten.

Am Wochenende ging ein Video um die Welt, das einen Londoner auf der Flucht vor den Attentätern zeigt – mit einem halbvollen Glas Bier in der Hand. Den Triumph, es zurückzulassen, wollte er den Terroristen anscheinend nicht gönnen. Ich sehe das Bild und muss lächeln[4].

Es kann ja durchaus sein, dass der Mann sein Bier unter Schock mitgenommen hat und es deshalb noch in der Hand hält. Mir geht es um die symbolische Kraft des Bildes. Und ich wünsche mir, dass ich in so einer Situation genauso handle: Ich nehme mein Bier mit. Ich nehme meinen Willen zu leben mit. Ich weiß, dass krasse Situationen auf mich einprasseln können. Im Großen und im Kleinen. Aber ich kämpfe bis zum Schluss dafür, das Positive zu sehen.

So stelle ich mir den zukünftigen Tim vor. Mit allen Ängsten. Allen Begrenzungen. Aber auch aller Motivation und Lebenslust zu lächeln.

Und deshalb: Niemals das Bier aus der Hand geben.
CHEERS!!!

„Wenn alle Ferrari fahren, dann fahre ich Roller!“: MARCELL JANSEN UND DER MUT ZUM ECHTSEIN

Hamburg. Sonne. Eine etwas gedrückte Stimmung. Vorerst. Bei mir und bei den Hamburgern an sich. Denn die erholen sich gerade von den Strapazen des vor ein paar Tagen zu Ende gegangenen G20-Gipfels, und der hat auch mich sehr beschäftigt. Straßenschlachten, brennende Autos und ein plündernder Mob sind wie ein schmerzhafter Schlag ins Gesicht für alle diejenigen, die friedlich demonstrierten, die gewaltlos auf die Missstände unserer Gesellschaft aufmerksam machen und sie bekämpfen.

Irgendwie fühle ich mich selbst auch getroffen, denn dieses Buch soll ja gerade so etwas verändern. Nicht mit Steinen und Schlagstöcken, sondern mit Worten. Und die sollen dazu führen, dass die Steine aus der Hand gelegt werden und dass die Hände, die bisher noch zu Fäusten geballt sind, sich öffnen und anderen Menschen helfen.

Eigentlich. Mir kommen leise Zweifel. Ist unsere Gesellschaft durch meine sanfte Revolution der Worte eigentlich wirklich zu beeinflussen?

Ich bleibe stehen. Schaue in die Sonne. Atme tief durch und denke an mein heutiges Inspirationsdate in der „Alten Post". Hier treffe ich Marcell Jansen.

Meine Laune hebt sich. Der ehemalige Profifußballer und jetzige Unternehmer erinnert mich nicht nur an meine Zeit als Fußballreporter, sondern uns verbindet eine ähnliche Entscheidung ... nämlich dann aufzuhören und etwas Neues zu starten, wenn andere weder damit rechnen noch es nachvollziehen können.

Als ich nach der Bundesligasaison 2011/2012 das Sky-Mikro an den Nagel gehängt habe, war Marcell Jansen noch mittendrin im Zirkus Bundesliga. Seinen Ausstieg verkündete er 2015 mit den Worten: „Ich habe lange überlegt. Einige Tage, einige Wochen sogar. Doch nun ist für mich klar: Meine Karriere ist vorbei, ich höre auf. "

Es war ein Paukenschlag für die ganze Szene. Wie kann ein gesunder Fußballer im besten Alter von 29 Jahren mit genug lukrativen Angeboten in der Tasche die Karriere beenden? Ich gebe zu, das habe ich im ersten Moment auch gedacht. Und DIE Kultfigur des deutschen Fußballs, Rudi Völler, hat die wohl deftigste Kritik formuliert, indem er sagte: „Das sind Dinge, die kann ich nicht verstehen. Dafür habe ich zu gern Fußball gespielt. Wer sowas macht, hat den Fußball nie geliebt."

Darüber musste ich lächeln. Ich kenne Rudi. Habe ihn selbst des Öfteren im Interview gehabt und weiß, dass er sehr schnell emotional wird. Aber dann habe ich Marcell Jansen zugehört. Im „Aktuellen Sportstudio" zum Beispiel oder in der Talkshow von Markus Lanz. Er erzählt, dass er eben nicht nur wegen des Geldes weiter spielen wollte und nicht für einen Verein, hinter dem er vielleicht gar nicht steht. Seine Äußerungen wirkten reflektiert, geerdet und klar. Ich habe Artikel über ihn gelesen und bin immer mehr zu dem Ergebnis gekommen: *Der hat echt was zu sagen. Nicht nur über den Fußball, sondern weit darüber hinaus. Mit dem möchte ich reden.* Auch, weil wir eine ähnliche Entscheidung getroffen haben: Wir waren beide im besten Alter und haben Respekt, aber auch Unverständnis geerntet. Bei mir war es keine öffentliche Kritik, sondern eher internes Kopfschütteln und Sprüche wie „Einen Job dieser Art gibt man nicht auf".

Ich betrete die „Alte Post" in Hamburg. Schönes Setting. Ladenlokale im stilvollen Ambiente. Eins davon gehört Marcell Jansen. *Reno-Vatio*, ein Sanitätshaus. Marcell ist schon da, wirkt entspannt, und ich rufe ihm noch einmal kurz die Idee zu dem Buch in Erinnerung. Die Geschichte zum Buch. Mein Schlüsselerlebnis, die gemeinsame Sache mit den vier Jungs aus allerlei Branchen. Große Pläne, Rückschläge und jetzt der Start mit diesem Buch.

„... und deshalb sitze ich jetzt hier mit dir", höre ich mich selbst den Satz beenden. Ja, genau darum geht es. Seit vier Jahren warte ich auf diesen Moment, diese Momente. Auf Gespräche mit relevanten Menschen, die nicht nur reden, sondern durch ihre Art zu leben anderen Menschen zur Inspiration werden und damit Veränderung möglich machen.

Und Marcell Jansen fängt gleich zu Beginn unseres Gesprächs damit an. Denn die Antwort auf meine Frage, warum er nicht in China auf dem Trainingsplatz steht[5] und in seiner Freizeit die Millionen zählt, haut mich direkt um: „Die ersten

Gedanken über mein Karriereende habe ich mir mit einundzwanzig Jahren gemacht. Damals hatte ich gerade beim FC Bayern München einen Vertrag unterschrieben und mir die einfache Frage gestellt: Ist es das jetzt? Was soll noch kommen?"

Wie bitte? Da kommt der Sky-Reporter in mir durch und ich muss kurz rekapitulieren: Eines der größten deutschen Fußballtalente der damaligen Zeit unterschreibt bei einem der besten Klubs Europas und fragt sich direkt nach Unterzeichnung des Vertrags, was danach kommt? Normalerweise genießen diese Jungs ihren Status Quo erstmal ordentlich.

„Das habe ich natürlich auch gemacht. Aber ich habe die zurückliegenden Jahre mal reflektiert.“, ergänzt Marcell. „Das war vorher nicht möglich. Ich bin mit achtzehn Profi geworden, habe die WM im eigenen Land gespielt, war gemeinsam mit einem gewissen Cristiano Ronaldo der jüngste Spieler und habe im Spiel um Platz drei genau gegen diesen Ronaldo und außerdem noch gegen Luis Figo und Co. gespielt und gewonnen. Dann habe ich meine Heimat Gladbach verlassen, um zu den Bayern zu wechseln. Da denkst du normalerweise einfach nur: Läuft! Aber ich habe mir eben noch ein paar Gedanken mehr gemacht: Es sind noch einige Jahre, in denen ich mein Niveau als Spieler halten kann. Aber nur, wenn ich gesund bleibe. Eine Garantie dafür gibt es nicht. Ich weiß gar nicht, warum diese Gedanken kamen.“

Im Nachhinein erweisen sich diese Gedanken als Glücksfall. Auch wenn Marcell seine Karriere nicht wegen einer Verletzung beenden musste. Schon während seiner aktiven Zeit hat er neben dem Fußball nicht nur Autos, Frauen und die Playstation im Kopf gehabt, sondern öfter mal nach links und rechts geschaut.

> Wer sich mit den falschen Menschen umgibt, kann echt auf die Schnauze fallen.

Das hat dazu geführt, dass ihm ein Trainer schon mal nahelegte: „Marcell, du beschäftigst dich mit zu vielen anderen Dingen nebenbei. Geh lieber nach dem Training zum Italiener und iss, dann geh schlafen und spiel ansonsten nur Fußball.“ Hat Marcell Jansen natürlich nicht gemacht, denn er wusste: Wenn morgen die Kreuzbänder reißen, dann interessiert es keine Sau mehr, wer Marcell Jansen ist.

„Die Welt wartet nicht auf ehemalige Fußballer“, sagt er dazu. „In der aktiven Zeit habe ich den Fußball immer sehr ernst genommen und als Profi vorbildlich gelebt. Aber als Profi hast du auch einmalige Chancen, hinter die Kulissen von vielen Firmen und Organisationen zu schauen. Die habe ich mir natürlich nicht entgehen lassen."

Marcell Jansen war kein Outsider im Profifußball. „Ich habe mich superwohl gefühlt mit den Jungs und war top integriert" sagt Jansen. „Der einzige Unterschied bestand vielleicht darin, dass ich etwas offener war als andere meiner Kollegen. Ich habe meinen Kollegen gesagt, dass sie sich gern mal mit meinem Finanzberater unterhalten können und mir jederzeit in die Karten schauen dürfen. Da blocken viele andere Profis ab. Warum? Weiß ich nicht! Das liegt zum großen Teil auch an dem Umfeld.

Sobald jemand viel Geld verdient, wird er für viele Menschen interessant. Und im Bereich Management und Beratung sind nicht nur ehrbare Menschen unterwegs, um es mal vorsichtig auszudrücken."

Umfeld.

Ein Wort, das ich schon zu Sky-Zeiten immer wieder gehört habe. Das Umfeld der Profis ist wichtig. Oder: Wer sich mit den falschen Menschen umgibt, kann echt auf die Schnauze fallen. Das gilt übrigens nicht nur für Fußballmillionäre und ist ein Signalwort für meine Wertschätzungsschatzkiste.

Eltern-Kind-Beziehungen sind herausfordernd, aber sehr kostbar. Wechselseitige Wertschätzung, die das ganze Leben prägt.

Marcell Jansen hatte scheinbar viel Glück mit seinem Umfeld. Sein Berater, Gerd vom Bruch, selbst ehemaliger Profifußballer und Trainer, ist ein ehrlicher Typ, den Marcell mehrmals als seinen „Ersatzpapa" bezeichnete. Auf ihn konnte sich Marcell immer verlassen und der Manager nahm seinen Schützling auch mit in die Pflicht.

In Sachen Marketing und Co. musste der junge und von der Werbeindustrie sehr begehrte Spieler Jansen selbst aktiv werden. Und das war ein weiterer Vorteil: Anstatt alle Werbedeals abzunicken und seine Persönlichkeitsrechte abzugeben, lernte Marcell schon sehr früh, genau hinzuschauen und auch mal Dinge nicht zu machen. Aus gutem Grund: „Ich wollte mich als Fußballer nicht vermarkten lassen. Ich hatte selbst Ideen, die ich umsetzen wollte. Außerdem wollte ich in den wenigen freien Tagen, die einem als Fußballprofi zur Verfügung stehen, lieber entspannt einen Wein trinken und mit Kumpels grillen, als dann noch für die Sponsoren auf Abruf zu stehen."

Trotz des engen Verhältnisses hat es aber auch Gerd vom Bruch überrascht, dass Marcell Jansen mit 29 Jahren keines der vorliegenden lukrativen Angebote anderer Vereine angenommen hatte, sondern erklärte: „Das war‘s für mich."

Den Satz lasse ich kurz im Raum stehen und meinen Blick durch die „Alte Post" schweifen. Schönes Ambiente. Das historische Gebäude mit all seinen kreativ gestalteten Geschäften. Und mitten drin Marcell Jansens Sanitätshaus. Er ist jetzt Geschäftsmann. Und App-Entwickler. Die Social-Media- Plattform „Picue" geht auf sein Konto.

„Das war‘s für mich."

Kapitel Fußball beendet und weiter geht's. Wahnsinn eigentlich. Und so sehr „down to earth", dass es schon wieder großartig ist. Genauso seine Facebook-Mitteilung, die er am 10. Juli 2017 postet:

> *Moin Leute, ich habe schon mit 22 Jahren als aktiver Spieler davon gesprochen, irgendwann mal mit positiven und ehrlichen Ideen nach meiner aktiven Fußball-Karriere Arbeitsplätze zu schaffen. Meine Energie und meine Kontakte, die sich durch den Fußball ergeben haben, gepaart mit meinem sozialen Umfeld, machen das nun möglich.*

Glaubwürdig macht Marcell Jansens zweite Karriere vor allem die Tatsache, dass er das Profileben sehr genossen hat und den Fußball immer noch liebt.

„Ich habe größten Respekt vor Profis, die mit Ende Dreißig noch auf dem Rasen stehen und Topleistungen abrufen. Nur, weil ich eine Entscheidung getroffen habe, heißt das ja nicht, dass die anderen blöd sind, weil sie länger spielen." Er lehnt sich zurück und schiebt grinsend nach: „Das hat auch Rudi Völler, den ich übrigens sehr schätze, mittlerweile verstanden."

„Ich habe mich natürlich mit den Angeboten auseinandergesetzt", sagt er weiter. „Aber es war kein Angebot vom HSV oder Mönchengladbach dabei. Und für einen anderen Verein zu spielen, kam nicht in Frage. Und ich fand den Gedanken sympathisch, mich selbst nicht unter Druck zu setzen. Ein Wechsel ins Ausland hätte noch mehr finanzielle Sicherheit gebracht. Aber es geht nun mal nicht nur ums Geld."

Die Geldfrage. Klar, darum geht's auch. Bei jedem von uns Menschen. Ich kann ihre Gedanken erraten, lieber Leser. Sie denken: *Ja, super, der Herr Jansen hat ja auch leicht reden. Sein Risiko ist trotzdem überschaubar. Der hat Millionen verdient. Da fällt so ein Ausstieg natürlich leichter.*

Denn genau diese Gedanken hatte ich auch. Bei allem Respekt vor der Entscheidung: Existenziell war sie nicht.

„Klar hatte ich Glück. Aber das ist nur ein kleiner Teil des großen Ganzen", sagt er dazu. Und während er mir den restlichen Teil erzählt, merke ich, was Marcell Jansen wirklich wichtig ist und was ihn ausmacht – es sind seine Wurzeln. Seine Eltern. Sein Umfeld.

„Wir hatten früher nicht viel Geld", erinnert sich Marcell. „Meine Eltern mussten morgens um vier Uhr aufstehen und zur Arbeit gehen. Dann haben sie ihren Jungen nach Feierabend zum Fußball kutschiert. Da gab es keine Garantie auf einen Profivertrag. Ich habe gekickt, weil ich Bock hatte. Und weißt du was: Wir waren glücklich! Und: Wir waren reich! Meine Eltern haben mir ein wunderbares Leben ermöglicht. Klar, wir hatten nicht so viel wie andere. Aber meine Eltern haben anderen nie ihr größeres Auto geneidet. Sie haben sich mitgefreut. Sie waren zufrieden, mit dem was sie hatten. Das war beispielhaft.

Also, mir kann keiner vorhalten, dass ich nicht weiß, wie es ist, mit wenig zufrieden zu sein."

Wenn Marcell Jansen über seine Eltern redet, dann schwingt viel Respekt und Liebe in seinen Worten mit. Wertschätzung der eigenen Familie gegenüber. Auch ein Punkt, den ich mir innerlich notiere. Und für mich konkretisiere mit: Eltern-Kind-Beziehungen sind herausfordernd, aber sehr kostbar. Wechselseitige Wertschätzung, die das ganze Leben prägt.

Das merke ich schon jetzt bei unserer Tochter. Sie gibt mir schon jetzt unheimlich viel. Und meine Frau und ich sind für sie wichtig. Die Art der Beziehung verändert sich mit dem älter werden. Bei Marcell Jansen spüre ich, wie wichtig und wie gelungen diese Beziehung ist. Er bestätigt mir das auch prompt: „Übrigens: Als ich mit siebzehn an der Schwelle zum Profispieler stand, hatte ich auch keine Millionen auf dem Konto. Da musste ich mir selbst den Arsch aufreißen. Ohne Garantie auf Erfolg. Wer hatte denn die Eier, das durchzuziehen? Das waren meine Eltern und ich. Ich habe damals zu meinen Eltern gesagt: Ich versuche das zwei Jahre, und wenn es nichts wird, dann höre ich auf. Dann spiele ich in der Bezirksliga und mache eine Ausbildung. Es hat funktioniert. Ohne meine Eltern hätte ich das nie geschafft."

> Ich bin für das verantwortlich, was ich verändern kann.

Mit dem zufrieden zu sein, was man hat, ist eine große Kunst. Denn es bedeutet auf der einen Seite nicht, dass man sich zurücklehnt und Potenziale ungenutzt lässt. Und auf der anderen Seite bedeutet es nicht, dass man sich selbst erniedrigt und auf die vermeintlich erfolgreicheren schimpft.

Nein, es beginnt bei mir. Bei mir ganz allein. Selbst den Arsch hochkriegen lautet die Devise.

Ich gebe es zu: Ich rege mich schon manchmal darüber auf, wenn ich lesen muss, dass Moderator XY die neue Show moderiert und nicht ich. Und dabei bewege ich mich auch manchmal von mir weg und bin damit beschäftigt, meinen Kollegen ihren Erfolg zu missgönnen.

Versucht habe ich viel. Ich kann mir nicht vorwerfen, zu wenig aktiv zu sein. Aber wie sieht es mit meinem Fokus aus? Vielleicht sollte ich mich mal mit Marcell Jansens Eltern unterhalten? Ich bin für das verantwortlich, was ich verändern kann. Es gibt äußere Einwirkungen und Mechanismen, die man nicht beeinflussen kann. Da lohnt es sich auch nicht, sich drüber aufzuregen.

Wertschätzung bedeutet: Sich selbst ein Recht auf Echtheit einräumen.

„Was rätst du denn Menschen, wie sie ihre Zufriedenheit steigern können?", frage ich.

„Da, wo du bist, respektvoll leben. Gegenüber deinen Mitmenschen, aber auch dir selbst gegenüber", antwortet er langsam. Dann wird er immer schneller, er beugt sich vor und spricht noch betonter als ohnehin schon: „Veränderung fängt bei dir selbst an. Du musst den eigenen Radar überprüfen. Was macht mich glücklich? Das ist nicht das dicke Auto oder das dicke Haus, das sind andere Dinge. Wir brauchen wieder mehr Geschichten, die geerdet sind. Große Statussymbole sind doch out. Wir brauchen wieder echte Vorbilder und weniger Fassade."

Ein großartiger Satz. Den markiere ich mir innerlich mit einem Ausrufezeichen und ergänze: Wertschätzung bedeutet: Sich selbst ein Recht auf Echtheit einräumen.

Nichts vorgeben, was nicht da ist. Nicht immer nach links und rechts schauen und denken: Was hat der andere, was ich auch unbedingt brauche? Sich auch einmal bescheiden können. Einfach das wertschätzen, was man hat.

Das entspannt mich und ist ein tolles Signal: „Hey, guck mal, da klinkt sich jemand aus dem Höher-Schneller-Weiter-Prinzip aus. Das hat Vorbildcharakter."

Marcell Jansen hat sich inzwischen zurückgelehnt und bringt ein Beispiel: „Lasst uns gegen den Strom schwimmen. Wenn alle Ferrari fahren, dann fahre ich Roller. E-Roller. Einfach mal das Gegenteil machen und so einen neuen Trend kreieren."

Und als ob er meine Gedanken erraten hätte, schiebt Marcell Jansen nach: „Ich weiß, wie es ist, wenig Geld zu haben, und ich weiß, wie es ist, viel Geld zu haben. Ich habe den Vergleich und weiß jetzt: Ich war schon immer reich. Ich verstehe aber auch, wenn Leute es selbst erleben wollen, reich zu sein, um sich dann selbst ein Urteil zu bilden."

Und dann wird er ernst: „Warum glauben so viele Menschen, dass Reichtum glücklich und zufrieden macht? Aber sie glauben nur sehr schwer, wenn jemand sagt, dass Glamour auch seinen Preis hat und dass wahres Glück tatsächlich nicht vom Kontostand abhängt. Reich sein wollen alle, aber die Schattenseiten will niemand in Kauf nehmen."

„Wer sowas macht, hat den Fußball nie geliebt" – So hat Rudi Völler über den ehemaligen Profifußballer Marcell Jansen geurteilt

„Wer sowas macht, hat einiges von einem wertschätzenden Lebensstil begriffen" – So lautet mein Fazit nach unserem Gespräch.

Danke dafür, lieber Marcell.

Warum alle etwas davon haben, wenn man andere wertschätzt.

ODER: „JUPP, JUPP, JUPP, JUPP, JUPP!“

Es war einer der schwärzesten Tage in meiner langjährigen Sky-Karriere. Und gleichzeitig mein erfolgreichster. Zumindest was meinen Bekanntheitsgrad angeht.

Ostersamstag 2012. Meine letzte Saison als Reporter. Ich bin für Sky in München, der FC Bayern spielt gegen den FC Augsburg. Ein schwaches 2:1 kommt am Ende dabei raus. Ich fühle mich wohl in der Allianz-Arena, bereite mich kurz vor dem Abpfiff auf meine Interviews vor und freue mich auf die Talks. Schlusspfiff. Ich bringe mich in Position.

Bastian Schweinsteiger wird zu mir gebracht. Shake Hands. Glückwunsch zum Sieg. Lockere Einstiegsfrage. Bis hierher alles normal. Dann bohre ich ein bisschen: „Eine Kampfansage an die Dortmunder im Meisterschaftsduell sieht aber doch wohl anders aus, oder?“

Schweinsteiger reagiert leicht genervt und weist darauf hin, dass auch Augsburg eine starke Mannschaft ist. Na ja ... das ist mir dann doch etwas zu dünn, denn am Mittwoch geht’s in der englischen Woche zum direkten Duell nach Dortmund. Und danach folgt Real Madrid im Halbfinale der Championsleague. Ich hake also noch mal nach. Schweinsteiger noch genervter.

Im Nachhinein denke ich: An dieser Stelle hätte ich das Thema ruhen lassen sollen. Ich hätte einfach noch ein paar konkrete Spielsituationen thematisieren sollen. Tue ich aber nicht. Typisch Tim. Gerne noch einen draufsetzen.

Ich bohre weiter. Will unbedingt die Aussage hören: „Klar war das zu wenig heute, wir müssen uns steigern!"

Die kommt aber nicht. Im Gegenteil. Ich formuliere ein wenig unglücklich, Schweinsteiger gibt mir noch einmal deutlich zu verstehen, dass er es anders sieht, ich hake noch einmal nach, und dann schaut Bastian Schweinsteiger an mir vorbei, direkt zu Markus Hörwick, dem Pressesprecher, und fragt ihn: „Markus, will der mich verarschen?"

Will ich nicht, komme aber aus der Nummer nicht mehr heraus. Sekunden später geht Schweinsteiger wortlos aus dem Bild und verschwindet in die Kabine.

Mir bleibt nur noch ein überraschtes „Da geht er weg", und dann gebe ich ab zu Kommentator Fritz von Thurn und Taxis, der auch relativ sprachlos ist.

Gesendet ist gesendet. Hunderttausende Zuschauer haben meine „Glanzleistung" gesehen. Die Münchner Zeitungen berichten mit Schlagzeilen wie „Bastian Schweinsteiger gerät mit SKY-Reporter aneinander", und ein YouTube-Video von der Nummer sammelt in Windeseile Klicks im deutlich fünfstelligen Bereich.

So ist das Leben. Mein Mitwertschätzer Daniel Schneider saß damals zufällig bei einem Freund vor der Kiste und hat erstmal eine Gedenkminute für mich eingelegt. Er wusste, dass die Nummer nachhallen wird. Doch bevor Sie jetzt direkt nachschauen: Sky hat das Video sperren lassen. Am Montag rief der Mediendirektor des FC Bayern in der Chefetage von Sky an, danach die Chefetage bei mir.

Die Sache konnte dann relativ schnell aus der Welt geräumt werden. Zumindest mit dem Sender. Meine Vorgesetzten haben sich da auch alle sehr fair verhalten. Es gab danach einiges an Hohn in den sozialen Netzwerken. No problem. Ich habe es verarbeitet und kann darüber lachen.

Aber noch heute kommen manchmal Leute auf mich zu und sagen: „Alter, du bist doch der mit dem Schweinsteiger-Interview, oder!?“ Vor allem in Fußballkneipen natürlich.

Bastian, falls du das liest: Sorry für das Nerven! War nicht ganz das Gelbe vom Ei! Aber ich würde mich freuen, wenn ich eine neue Chance bekomme. Du als Stargast in meiner Sendung! Wie wär’s?

Ihre Lebenserfahrung hat sie gelehrt, dass man manchmal dumme Sachen macht und es hinterher bereut. Und dass es unheimlich gut tut, wenn einem dann jemand ein paar mutmachende Worte sagt.

Was ich an dieser Geschichte bemerkenswert fand: Es waren vor allem die älteren und gestandenen Kollegen von Sky, die mir im Nachklapp Mut zugesprochen und mich wieder aufgebaut haben. Fritz von Thurn und Taxis zum Beispiel, direkt nach dem Spiel im Mannschaftsbus. Das war ihm ein Anliegen.

Warum? Weil sie alle solche Situationen kennen. Ihre Lebenserfahrung hat sie gelehrt, dass man manchmal dumme Sachen macht und es hinterher bereut. Und dass es unheimlich gut tut, wenn einem dann jemand ein paar mutmachende Worte sagt.

Deshalb unterschreibe ich auch das Statement von dem Ingenieur und Gründer David Kelley, das mich in einem Artikel der Wirtschaftswoche sofort angelacht hat. Auf die Frage nach dem Geheimnis erfolgreichen Designs sagte er: *„Wir brauchen Kreative mit möglichst viel Lebenserfahrung aus allen Bereichen der Gesellschaft.“*[6]

Und genau diesen generationenübergreifenden Appell in einer TV-Sendung sah Barbara Beskind in ihrem Heim für betreutes Wohnen im Silicon Valley. Oder sagen wir besser: hörte sie. Denn ihre Augen sind nicht mehr allzu gut. „Ich fühlte mich sofort von den Worten Kelleys angesprochen“, erinnert sie sich. Deshalb wollte sie ihre Erfahrung einbringen.

Ihre Freunde im Altenheim sind skeptisch, aber sie bewirbt sich. Mühsam schreibt sie folgende Worte: „Ich bin zwar fast neunzig Jahre alt, aber ich bin bei guter Gesundheit, konstruktiv und habe Erfahrung im Design. Vor allem habe ich viele Ideen und möchte gern mit anderen zusammenarbeiten, die kreativ sind und sich als Problemlöser verstehen.“ Beskind erwartet nichts, zumindest nicht viel. Doch schon wenige Tage später wird sie zum Vorstellungsgespräch eingeladen. Volltreffer!

Denn seitdem zeigt sie mit über 90 Jahren den jungen Designern im Silicon Valley, wo es langgeht. Jeden Donnerstag verlässt sie ihr Altenheim und arbeitet als Designberaterin für IDEO, einer Kultfirma, die zum Beispiel Apples Computermaus entwarf.[7]

Es macht Sinn, Lebenserfahrung zu nutzen. Und doch haben wir so oft Vorurteile gegenüber Rentnern. Alleine das Wort löst schon Antipathie aus. Die sollen doch ihren Ruhestand genießen und den Platz frei machen für jüngere und dynamischere Menschen.

Bullshit!

Klar sind aufgrund des Alters den Kräften irgendwann Grenzen gesetzt, aber viele Menschen in gehobenem Alter haben noch viel Kreativität. Und die, gepaart mit der Lebenserfahrung, ist eine sehr produktive Mischung. Mrs. Beskind ist der beste Beweis.

In manchen Bereichen funktioniert das auch ganz gut. Wissen Sie, dass der Stardesigner Wolfgang Joop weit über 70 ist? Und Schauspieler Dieter Hallervorden bereits 2015 80 Jahre alt geworden ist? Von den Mitgliedern der Rockband „The Rolling Stones“ ganz zu schweigen.

Kreativität ist keine Frage des Alters. Nicht jeder kann mit 80 noch über Bühnen hüpfen oder vor Kameras stehen, aber die Lebensleistung in beratenden Funktionen weiterzugeben, das ist oft noch drin und würde vielen Unternehmen helfen. Wie wäre es mit einer Coaching-Agentur von Rentnern? – Das war übrigens eine der ersten Ideen von unserem Wertschätzungstreffen in Linz. „Rentner-Rocker“ – na gut, am Namen könnten wir noch feilen. Aber sonst passt es an allen Ecken und Enden.

Manchmal reicht es schon, wenn mein Opa mir etwas aus seiner Lebensgeschichte erzählt, und mir bleibt der Mund offenstehen. Deshalb gehe ich noch einen Schritt weiter und sage: Lasst uns alten, erfahrenen Menschen wieder besser zuhören. Es lohnt sich, und wir können Fehler vermeiden. Nicht nur die großen Fehler der Geschichte, sondern auch die kleinen Dinge in Unternehmen.

Lasst uns alten, erfahrenen Menschen wieder besser zuhören. Es lohnt sich, und wir können Fehler vermeiden. Nicht nur die großen Fehler der Geschichte, sondern auch die kleinen Dinge in Unternehmen.

Es geht mir nicht darum, eine Generation zu glorifizieren, und viele ältere Menschen haben vielleicht gar keine Lust darauf, sich noch irgendwo einzubringen, aber es bleiben immer noch genug übrig, die so viel auf dem Kasten haben, sich aber nicht aufdrängen. Wer fällt Ihnen ein?

Dem FC Bayern fiel zum Beispiel Jupp Heynckes ein. Fußballtrainer.

Während ich dieses Kapitel schreibe und unsere Notizen zu diesem Thema sichte, stellt Jupp Heynckes gerade einen Champions League-Rekord auf: Beim 3:0 des FC Bayern gegen Celtic Glasgow ist er der älteste Trainer, der je in der Königsklasse an der Seitenlinie stand. „Coaching durch Rentner" – unsere Idee, die der FC Bayern in seiner „Krise" (wenn man diese Phase zum Start der Saison 2017/2018 überhaut so nennen kann) direkt mal wörtlich nimmt und dankbar aufgreift, um das Schiff wieder auf Kurs zu kriegen. Vielleicht haben sie eines unserer Meetings belauscht.[8]

Zur Erinnerung: Ein Jahr vorher wurde der italienische Coach Carlo Ancelotti noch als der perfekt passende, genau richtige und in Sachen Erfolg und Erfahrung unerreichte Trainer geholt. Nur um dann etwas mehr als ein Jahr später ziemlich überraschend wieder entlassen zu werden. Das Ganze übrigens von Bayernseite wenig Gentleman-like und in Bezug auf die verbalen Nachtritte wenig wertschätzend.

Und dann wurde Rentner Jupp angefragt, bei seiner Verpflichtung stolze 72 Jahre alt und seit vier Jahren glücklich im Ruhestand. Genau der richtige Mann mit seiner Erfahrung, seiner Weisheit, seiner Ruhe. Genau diesen Ruheständler braucht einer der erfolgreichsten Fußballvereine der Welt in dieser kritischen Phase der Saison. Und genau dieser weise alte Mann kriegt es auch recht schnell wieder hin. Was für eine Leistung!

Vor allem aber: Was für ein Beispiel! Nein, was für ein Gegen-Beispiel zu der Art und Weise, wie wir als Gesellschaft mit dem Potenzial und der Leistung Älterer umgehen. Als ein Land, das den demografischen Wandeln mehr oder weniger als einen demografischen Sprint vollzieht. Eine Nation, der schon jetzt viel zu viele Fachkräfte fehlen. Deren Bevölkerung immer älter wird. Aber die sich trotzdem den „Luxus“ erlaubt, ältere Menschen einfach nicht mehr zu berücksichtigen. (Für alle besonders kritischen Leser: Ja, richtig, ich pauschalisiere hier ein bisschen. Damit das Grundproblem deutlicher wird!).

Es ist höchste Zeit, das Potenzial, die Lebenserfahrung, die Weisheit und auch die Menschenkenntnis all jener zu nutzen, die laut Geburtsdatum und Rentenstatus nicht mehr dabei sind oder dabei sein dürfen. Es gibt viele Jupps, die nicht unbedingt darauf warten, nochmal eingesetzt zu werden. Die aber gerne bereit sind zu helfen, wenn sie gefragt werden. Und wer nicht coacht, was ja auch nicht jeder muss, der hilft aus. Oder ergänzt. Oder arbeitet zu. Oder ist Mentor für einen Jüngeren ...

Es ist höchste Zeit, das Potenzial, die Lebenserfahrung, die Weisheit und auch die Menschenkenntnis älterer Menschen zu nutzen.

Was meinen Sie, ist es diese Idee wert, weiter verfolgt zu werden? Wie würden Sie es angehen, wo gibt es vielleicht schon wunderbare Ansätze, die einfach nur weiterentwickelt werden müssen oder von denen mehr berichtet werden muss?

Und wo wir schon mal bei der Verschleuderung von vorhandenem Potenzial sind, lassen Sie mich noch einen Punkt kurz ansprechen, der mir tierisch auf die Nüsse geht: Was ist mit all den gut ausgebildeten jungen Müttern, die wegen der Geburt ihres Kindes eine Pause einlegen müssen und wollen?

Wie viele Geschichten gibt es denn von einem Wiedereinstieg ohne Zusatz-Hürden und ohne Diskussionen über Teilzeit, weniger Büro-Präsenz und sonstigen Schikanen auf dem Weg zurück? Ich höre von Betroffenen meist immer nur die anderen Geschichten. Und das in einem Land, das sich genau diese verschenkten Potenziale schon jetzt nicht mehr leisten kann. Und in Zukunft eben noch weniger.

Trotzdem wird die Teilzeitvariante oft gnadenlos ausgenutzt: Nahezu jeder Mann mit Personalverantwortung erzählt mir bei diesem Thema, dass Mütter in Teilzeit die besten Arbeitskräfte sind. Die sind weniger im Büro, schaffen aber oft trotzdem das gleiche Pensum von vorher. Statt 100% nur noch 75% im Job, und natürlich auch nur so vergütet. Aber der Output ist oft derselbe wie vor der Schwangerschaft. Weil die Frauen allein aus Zeitdruck viel effektiver arbeiten, da sie oft noch die gleichen Projekte und Aufgaben haben. Oder der Erwartungsdruck so hoch ist, dass sie das Pensum irgendwie durchklotzen. Angst vor Jobverlust, Ersetzbarkeit, andere, die an einem vorbeiziehen ... all das haben die Frauen im Schnitt ja gerade ein Jahr lang gehabt. Wenn es schon die ganze Elternzeit ohne sie geht, dann geht es theoretisch ja auch in Zukunft. Also, besser mal Vollgas geben plus x – auch wenn die Bezahlung das nicht hergibt.

> Wir sind fortschrittlich bis zum Anschlag – aber die Wertschätzung gegenüber Frauen und Rentnern fällt noch immer viel zu oft hinten runter.

„Wenn ich könnte, würde ich mehr Mütter in Teilzeit einstellen!“, sagte mir kürzlich ein Abteilungsleiter mit einem triumphierenden Macho-Überlegenheits-Lächeln im Gesicht und einem Cappuccino in der Hand.

„Goodbye Wertschätzung, Hallo Ausbeutung!“, denke ich mir.

Wollen wir es einfach weiter so hinnehmen, dass die Mütter unter den Frauen, die ja im Schnitt noch immer weniger verdienen als Männer, ein weiteres Mal mit dem Rentenbescheid betrogen werden? Weniger eingezahlt wegen Babypause und Teilzeit, weniger rauskriegen …

Wir sind fortschrittlich bis zum Anschlag – aber die Wertschätzung gegenüber Frauen und Rentnern fällt noch immer viel zu oft hinten runter. Nicht nur da übrigens. Wo wir wieder beim Fußball wären. Frauen in sogenannten Männerberufen sind nämlich auch so ein Thema.

Seit der Bundesliga Saison 2017/2018 pfeift erstmals eine Schiedsrichterin in der höchsten deutschen Spielklasse: Bibiana Steinhaus. Wunderbar. Aber hören Sie mal genau hin: Was muss sich die erfahrene Schiedsrichterin alles anhören! Wenn ein gestandener Fußballprofi nach einer roten Karte sinngemäß den Spruch „Frauen haben im Fußball nichts zu suchen“ loslässt, dann hat das nichts mehr mit den (leider) normalen Verbalattacken auf den Schiedsrichter zu tun. Meine ZDF-Kollegin Claudia Neumann kommentiert auch Spiele der Männer. Die Kommentarspalten in den sozialen Netzwerken überschlagen sich fast vor Diffamierungen und Beleidigungen aus der alleruntersten Schublade.

Vorurteile und Klischees sind Gegner der Wertschätzung.

Willkommen in der ach so aufgeklärten Gegenwart. Wenn jemand seinen Job gut macht, dann soll er ihn verdammt nochmal machen. Egal ob Mann oder Frau. Und dann bitte auch das Gleiche verdienen – egal, ob Mann oder Frau. Vorurteile und Klischees sind Gegner der Wertschätzung.

Das trifft auf Frauen mit Kind zu. Und auf Frauen, die Männerdomänen aufmischen. Und auf ältere Menschen und Rentner.

Jupp Heynckes hat es übrigens schon vier Jahre vor seinem letzten Engagement allen gezeigt. Als 68-jähriger Trainer holte er das Triple mit dem FC Bayern: Deutscher Meister – DFB Pokalsieger – Champions League-Sieger! Eine Sensation und bis jetzt unerreicht. Auf dem Münchner Rathausbalkon feierten damals, im Jahr 2013, junge und alte Menschen zusammen ihren Seniorcoach mit lautstarken Sprechchören: „Jupp, Jupp, Jupp, Jupp, Jupp!“

158

158

Wertschätzender Umgang mit unseren Ressourcen:

MICHAEL VOLKMER UND DIE FRAGE „BRAUCHT'S DAS EIGENTLICH?"

Ich gebe es zu – mein ökologischer Fußabdruck hinterlässt Spuren. Ich bin unheimlich viel unterwegs. Das bringt der Job so mit sich. Bahn, Flugzeug, Auto. Zu meiner Ehrenrettung: Innerhalb Berlins greife ich, neben öffentlichen Verkehrsmitteln, tatsächlich immer öfter auf den mietbaren Elektroroller zurück. Nicht nur, aber auch: Marcell Jansen sei Dank! Es macht Spaß, durch die Berliner Feierabendstaus zu cruisen, während ich bei meinen dienstlichen Flügen und Fahrten zwar gefahren oder geflogen werde, aber nicht so beweglich bin.

Da heißt es des Öfteren mal: Warten! Auf den verspäteten Zug, auf den Check In, auf die Weiterfahrt. Und währenddessen kommt man unweigerlich mit vielen Menschen in Kontakt. Ich liebe das. Wie viele spannende Typen ich schon kennengelernt habe! Und ich habe dabei den Smalltalk ganz neu entdeckt. Der steht nämlich zu Unrecht in der Ecke des „Sinnlos-Gelabers" und ist eigentlich eine tolle Form der Wertschätzung. Manchmal reicht sogar ein Zwei-Wort-Smalltalk, um jemandem den Tag zu versüßen.

Ein ehrlich gemeintes „Vielen Dank für das, was Sie jeden Tag leisten!" an die Reinigungskraft auf der Flughafentoilette ist schnell gesagt und zieht dankbare und erstaunte Blicke nach sich. Ein „Ich wünsche Ihnen noch viel Kraft für Ihre Schicht" an die Dame hinter der Theke des Bäckerladens trägt ebenso schöne Früchte.

Es ist wunderbar und beschämend zugleich, wenn ich merke, wie stark diese einfache und grundlegende Form der Kommunikation wirkt. Denn die erstaunten Reaktionen der Wertgeschätzten zeigen, dass solche Worte nicht mehr selbstverständlich sind. Und ich rede von ein paar *Worten*, nicht von irgendwelchen aufwändigen Aktionen oder stundenlangen gemeinnützigen Arbeitseinsätzen. Es geht einfach nur um höfliche Umgangsformen. Die kosten nichts. Nicht mal sonderlich viel Energie. Und bringen trotzdem unheimlich viel.

Falls Sie jetzt denken, dass Tim Niedernolte auf seinen Reisen lauernd den Bahnsteig entlangschleicht und nur darauf wartet, einem nichtsahnenden Menschen ein Gespräch aufzudrängen oder ihn mit Lobeshymnen zu überschütten: Nein! So mache ich das natürlich nicht!

Ein „Dankeschön" bewirkt unheimlich viel

Ich habe auch gerne meine Ruhe und lese. Aber es ist wie verhext: Auch dabei lerne ich ständig unfassbar interessante Menschen kennen. Und zu einem dieser Menschen begleiten Sie mich jetzt. Er heißt Michael Volkmer und ist Inhaber der Kreativagentur Scholz & Volkmer. Während einer ausgiebigen Wartezeit habe ich ein Interview mit ihm gelesen. Und das hat mich geflasht.

Denn darin hinterfragt er das berühmte „Wachsen müssen um jeden Preis“. Warum nicht einfach mal einen Gegenentwurf zum Höher-Schneller-Weiter-Prinzip? Anstelle von Gewinnzielen mehr in Mitarbeiter und soziales Handeln investieren. Und in die Umwelt. Großartige These und nur einer von mehreren Anknüpfungspunkten, die mich beim Lesen direkt wieder an die vielen Impulse und Visionen aus den Treffen mit meinen Wertschätzungs-Jungs erinnert haben. Dazu die diversen coolen und kreativen Kampagnen, die einfach mal ganz anders daher kommen...

> Warum nicht einfach mal einen Gegenentwurf zum Höher-schneller-weiter-Prinzip machen? Die schwarze Null halten und dafür mehr in zufriedene Mitarbeiter und soziales Handeln investieren.

Ganz klar: Den Mann muss ich treffen. Ich spüre, dass er für meine Wertschätzungsreise relevant ist. Und was für ein Glück: Er lädt mich direkt ein. Nach Wiesbaden. In seine Agentur. In sein Büro. Dort, wo sonst die Offiziellen von der Deutschen Bahn, Coca-Cola oder Mercedes-Benz sitzen. Denn die gehören zu den Kunden von *Scholz & Volkmer.*

Und der Eindruck aus dem Interview bestätigt sich sofort. Michael Volkmer ist ein offener Typ, der mich herzlich begrüßt. Er hat die Agentur 1994 gegründet, ist gelernter Fotograf und studierter Kommunikationsdesigner. Ein kreativer Kopf, der sein Handwerk beherrscht. 160 Mitarbeiter beschäftigt er in seiner Agentur, die er gemeinsam mit Geschäftsführer Peter Post leitet.

In der Branche ist die Agentur *Scholz & Volkmer* für zweierlei bekannt: Sie machen gute Arbeit (mittlerweile haben sie 600 Auszeichnungen gesammelt) und sie liefern immer wieder Ideen und Konzepte zum Thema Nachhaltigkeit.

Nachhaltigkeit ... auf den ersten Blick ein sperriger Begriff. Dieses Schicksal teilt die Nachhaltigkeit mit der Wertschätzung. Nicht so griffig. Wenn man nur drüber redet. Doch absolut handfest, wenn man die Begriffe lebendig werden lässt.

Denn beides sind Handlungsprinzipien. Die Nachhaltigkeit punktet besonders im Bereich der Ressourcennutzung. Es geht um materielle Ressourcen, wie erneuerbare Energien, aber auch um immaterielle wie Bildung, Gesundheit und Menschen alias Mitarbeiter.

Für diese Themen ist die Agentur *Scholz & Volkmer* bekannt. „In der Branche sind wir eher die Außenseiter", sagt Michael Volkmer. „Das Thema Nachhaltigkeit ist so bedeutsam bei uns, dass uns die Kollegen schon in die Weltverbesserecke schieben. Aber ich fühle mich wunderbar damit."

Doch zwischendurch gibt's auch immer wieder Frust. Dann, wenn nachhaltige Kampagnen nicht wertgeschätzt werden. Bei der Plattform „Zeit statt Zeug" zum Beispiel. Dieser Onlineshop für Aufmerksamkeit bietet kreative Ideen, wie man Zeit an seine Liebsten verschenken kann – statt dem dritten Handy, dem sechsten Schal, dem zehnten Kochbuch. Viele materielle Geschenke sind eher überflüssig und nicht nachhaltig, weil aus Plastik und schnell kaputt oder schlicht unnötig. Kategorien wie „Basteln statt bestellen", „Waldluft statt Parfüm" oder „Vorlesen statt Buch" laden dazu ein, mehrere Fliegen mit einer Klappe zu schlagen: Ressourcen schonen und Aufmerksamkeit verschenken. Wertschätzung in kreativer Geschenkeform. Der Witz dabei: Bevor der Gutschein an die Liebste oder den Liebsten geht, muss man mit sich selbst einen Termin ausmachen.

Geile Idee. Jeder Ökonom und Soziologe klatscht in die Hände und nickt anerkennend. Eine klassische Win-Win-Situation.

Allerdings nicht für die Spielzeugindustrie und ihre Kollegen. Egal! Das Portal boomt und wird super angenommen, bereits 160.000 Geschenke wurden versendet. Innerhalb der Werbebranche allerdings nicht.

„Wir wurden damals beim Art Directors Club mit einem Trostpreis abgespeist.", erinnert sich Michael Volkmer. „Dann denkst du dir: MANN! Das ist *die* Antwort auf den ganzen Konsumwahn, und die checken es nicht. Zu allem Überfluss entwickelt OTTO dann drei Jahre später mit der exakt gleichen Idee eine Geschenkeplattform, die weit weniger durchdacht war als unser Shop und wurde mit Ehrungen überschüttet. Das ist schon frustrierend."

An dieser Stelle finde ich es wichtig, die Idee von *Scholz & Volkmer* nochmal zu pushen und deshalb ... schauen Sie doch mal vorbei: www.zeit-statt-zeug.de

Was Michael Volkmer versucht ist ohnehin ein Spagat. Denn Nachhaltigkeit und Werbung sind zwei völlig verschiedene Paar Schuhe. In der Werbung geht es um sofortigen Effekt; ein Fingerschnipp, und die Idee muss sitzen und beim Konsumenten ankommen. Viel Zeit zum Rumprobieren gibt es da nicht.

„Genau wie in der Fernsehbranche", werfe ich ein.

Warum? Weil Formate schnell Quote bringen müssen. Und ehe ein junger Moderator ausprobiert wird, der eine längere Anlaufzeit benötigt, um die stabile Quote zu sichern (was viel-

leicht gar nicht stimmt, wenn man es öfter mal ausprobieren würde), moderieren dann doch wieder die etablierten Kollegen oder irgendwelche B,C,D-Promis, die zumindest in der Theorie den schnellen, aber, und da lege ich mich fest, definitiv nicht den nachhaltigen Erfolg bringen.
Daraus folgt: Wenn die letztendlichen Entscheider nicht mit von der Partie sind, hat die motivierte Basis wenig Chancen.

Das sieht auch Michael Volkmer so: „Gerade beim Thema Nachhaltigkeit braucht es ein weltweites Umdenken. Und dieses Umdenken wird höchstwahrscheinlich nicht durch die Politik, NGOs oder Religionen vorangetrieben. Eine richtige Veränderung wird es erst dann geben, wenn die großen Firmen aufwachen. Denn die globalen Konzerne haben die Mittel, die es braucht, um am großen Rad zu drehen: weltweite Kontakte und unglaublich viel Geld."

Nur dass sie diese nicht nutzen. Frustrierend, oder? Aber es ist auch zu einfach, auf „die da oben" zu schimpfen, sich in die Ecke zu setzen und die beleidigte Leberwurst zu spielen.

Also: Wie kann das schneller gehen? Ich habe Bock auf Langfristigkeit in Sachen Wertschätzung. Aber bitte sofort. Was sind die Möglichkeiten, die auch eine Agentur der Größenordnung *Scholz & Volkmer* mitbringt? Sie gehören noch nicht zu den ganz großen Playern wie *Jung von Matt*, aber sie sind wahrlich kein kleines Licht.

„Wir konfrontieren die großen Firmen immer wieder mit nachhaltigen Konzepten und lassen diese Ideen in beauftragte Kampagnen einfließen", sagt Michael Volkmer dazu. „Und wir bringen unsere Kunden immer wieder mit NGOs wie zum Beispiel Greenpeace in Kontakt. Das Interessante dabei: Selbst Greenpeace sagt, dass es nur zusammen mit den Big Playern geht. Wenn die umschalten, passiert was."

Für Michael Volkmer bewegt sich das Engagement für die Nachhaltigkeit auf zwei Ebenen. Die individuelle Ebene und die institutionelle Ebene. „Man kann individuell alles richtig machen: wenig konsumieren, selten fliegen, regional einkaufen, Plastik weglassen etc.. Und trotzdem wird selbst ein Mensch, der wie ein Mönch lebt, nicht auf das geforderte Maximum von 2t Co^2-Ausstoß im Jahr kommen. Schlicht, weil er in Deutschland bzw. in der sogenannten entwickelten Welt wohnt. Erst wenn durch Gesetzgebung institutionelle Weichen gestellt werden, werden wir Klimaziele und damit so etwas wie Wert-

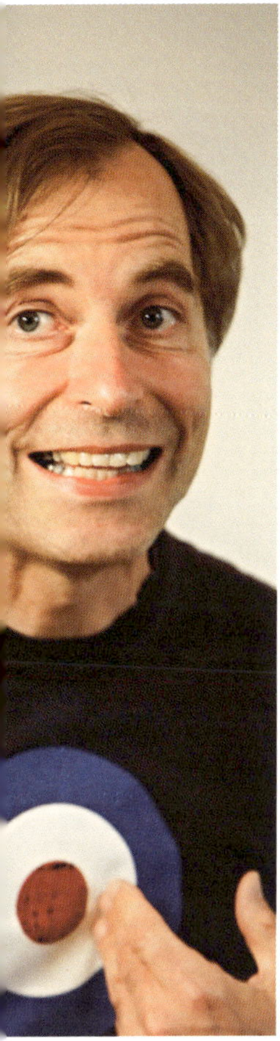

schätzung gegenüber dem Planeten erreichen. Hauptproblem auf institutioneller Ebene ist heute vor allem der Wachstumszwang an der Börse, den jeder irgendwie für okay und gottgegeben hält."

Als Firma, Unternehmen oder Verbund ist man auf Wachstum angewiesen. Das kann man drehen und wenden, wie man will, es ist so. Quartal für Quartal müssen die Zahlen verbessert werden, und spätestens mit dem Börsengang hängt vom Wachstum die Existenz des Unternehmens ab. Und das steht im Gegensatz zur krassen Endlichkeit der Ressourcen in dieser

Welt. Die Wende muss kommen, wir müssen den CO2-Ausstoß deutlich verringern, damit die Welt wieder in ein stabiles Gleichgewicht kommt.

Besonders deutlich wird das durch den sogenannten „Earth Overshoot Day“. Das ist ein gedachter Tag, an dem die Ressourcen des kompletten Jahres aufgebraucht sind. Alles, was danach verbraucht wird, kann die Erde nicht innerhalb eines Jahres wieder aufbauen. Ab diesem Moment arbeiten wir also ins Minus. Dieser Tag wandert mit jedem Jahr weiter nach vorne. Von Dezember, November, Oktober, September ... Wie ein Countdown, der langsam runter tickt. Im vergangenen Jahr war der Overshoot Day bereits am 2. August 2017. Das ist beängstigend.

> Wenn du kapiert hast, wie die Welt funktioniert, dann hast du eine moralische Verpflichtung, ins Handeln zu kommen. Jeder nach seinen finanziellen, sozialen und körperlichen Fähigkeiten.

Aber nichts Neues! Wir wissen das längst! Und als schlaue Gesellschaft könnten wir dem auch entgegensteuern. Und doch stemmt sich unsere Wachstums- und Profitgier vehement dagegen. Was mich in höchstem Maße nervt und in diversen Momenten immer wieder richtig wütend macht, ist, dass ich selbst ja dabei munter mitspiele. Mir läuft es eiskalt den Rücken herunter, wenn ich daran denke, welche Erde ich meiner Tochter hinterlasse.

Leider kenne ich mich und weiß, dass dieses Gefühl nicht ewig anhält. Weil der Alltag dazwischenkommt, meine Gedanken woanders sind. Es ist auch schwer zu realisieren. Ich merke im Fernsehstudio nicht, dass die Erde vor die Hunde geht, dass die Regenwälder gerodet werden oder die Fische durch Umweltverschmutzung sterben. Ich weiß darum, ja, aber ich lebe (noch) in einer Komfortzone.

Ich spüre, hier liegt ein wichtiger Schlüssel begraben. Denn wenn es gelingt, den einzelnen Menschen dafür zu sensibilisieren, dass Nachhaltigkeit (und Wertschätzung unserer Umwelt) auch für seinen Alltag relevant ist, dann würde doch vielleicht etwas passieren. Oder!?

Michael Volkmer gibt mir Recht: „Da kommt nämlich die individuelle Ebene ins Spiel. Wenn du kapiert hast, wie das alles miteinander zusammenhängt und was welche Auswirkungen hat, dann hast du eine moralische Verpflichtung, ins Handeln zu kommen. Jeder nach seinen finanziellen, sozialen und körperlichen Fähigkeiten. Und wenn es nur das Gespräch im engsten Kreis ist. Dann, wenn beim Kaffeetrinken mit den Verwandten erzkonservativ dahergeredet wird zum Beispiel. Das ist die Entscheidung: diskutieren und sich einmischen, auf Demos gehen, Vereine gründen."

Im Bereich Energie sparen geht Michael Volkmer deshalb auch firmenintern gleich mal ganz praktisch voran. Hier einige Beispiele:

- Jeder Mitarbeiter bekommt zum Start bei *Scholz & Volkmer* eine eigene „158"-Wasserflasche. Plastikflaschen sind ein No-Go in der Firma und gekauftes Wasser an sich nicht gerne gesehen. Stattdessen befindet sich auf jeder Etage ein Brunnen oder Wasserhahn direkt an der Wand. Hier kann jeder Mitarbeiter mit seiner eigenen Glasflasche Wasser zapfen. Pro Flasche werden damit 158 Gramm CO2 eingespart, die im Schnitt je gekaufte Wasserflasche verbraucht würden.

- Die Autos der Chefs – einige davon mit E-Motor – können von allen Mitarbeitern als Poolwagen genutzt werden.

- Als Weihnachtsgeschenk an die Kunden gibt es nicht irgendein Konsummaterial, sondern Ideen für eine bessere Alternative – Zeit statt Zeug.

- Kräuter und Tees züchten die Mitarbeiter selbst draußen im Garten.

- Jährlich wird der *Scholz & Volkmer*-Klimareport erarbeitet, um Verbräuche zu analysieren und Verbesserungen zu erzielen. Für den jährlichen CO2-Ausstoß lässt die Agentur die Menge Wald wieder aufforsten, die es braucht, um den eigenen Verbrauch zu kompensieren.

Und diese Maßnahmen sind hier jetzt schnell heruntergeschrieben. Doch dahinter steckt ein harter Argumentationskampf. Vor allem die Wasseridee war eine schwere Geburt. Denn wer lässt sich im Jahr 2018 schon gerne vorschreiben, welches Wasser er trinken soll. Mittlerweile hat sich das „158er-Wasser" etabliert. „Das ist inzwischen in allen Dingen unsere Strategie.", sagt Michael Volkmer. „Erst die eigenen Leute überzeugen, dann auf regionaler Ebene aktiv werden und dann unsere Kunden mit den entsprechenden Ideen und Konzepten konfrontieren und überzeugen."

Wir sind Komplizen – Michael und ich. In vielen Punkten und Denkweisen. Voll meine Taktik … auch mit dem, was Sie hier gerade lesen zum Beispiel.

„Doch ich will nicht den Konsens – ich will mehr, ich bleibe hartnäckig." Das hat Michael Volkmer in seiner Firma angeregt und durchgezogen. Er hat Menschen mit ins Boot geholt. Wie hat er seine Mitarbeiter und Kunden überzeugt und warum, verdammt nochmal, machen das nicht mehr Menschen?

Jetzt wird's psychologisch", sagt Michael Volkmer darauf lachend. Und wird schnell wieder ernst. „Vom dem bekannten Hirnforscher Prof. Roth weiß ich, dass wir Menschen zwei Triebfedern haben, die uns dazu bewegen ins Handeln zu kommen. Die eine ist ‚Schmerz vermeiden' und die andere ist ‚Lust aufsuchen'. Wenn ich nur rational weiß, dass es einen Overshoot Day gibt, dass ich etwas für das Klima tun muss, dann verstehe ich das zwar intellektuell, sehe aber noch keinen Grund zum Handeln. Der persönliche Leidensdruck ist nicht hoch genug."

Wir Menschen haben zwei Triebfedern: „Schmerz vermeiden" und „Lust aufsuchen". Die Werbung muss Sachen so attraktiv wie möglich gestalten, damit die Leute sagen: Da habe ich Lust drauf! Oder man verspricht Schmerzvermeidung.

Erwischt! Genau das habe ich eben nämlich auch gedacht, als Michael Volkmer mir vom Overshoot Day erzählt hat. „*Man* müsste da echt mal etwas tun ..."

„Du musst die Sachen so attraktiv wie möglich gestalten, damit die Leute sagen: Da habe ich Lust drauf!", fährt er fort. „So funktioniert Werbung. Man muss den Leuten auf etwas Lust machen. Oder in manchen Branchen, wie den Versicherungen, verspricht man eben, Schmerz zu vermeiden. Individuell muss der Mensch einen absoluten Vorteil sehen, um aktiv zu werden."

Und dann zeigt er mir eine Kampagne, die genau das versucht. Eine Anzeigenserie für das Klimabündnis. Hier, gucken Sie mal:

Tausche Fast Food gegen Zeit mit meinen Kindern
Gutes Leben ist einfach
overdeveloped.eu
37 Minuten täglich beschäftigt sich im Schnitt ein Vater mit seinen Kindern
50 Prozent der weltweiten Lebensmittel landen auf dem Müll
50 Tausend Fussballfelder werden pro Tag an Regenwäldern gerodet – maßgeblich für den Anbau von Tierfutter
2015 Europäisches Jahr für Entwicklung
Klima-Bündn

Tausche neuen Schrott
gegen alte Werte
Gutes Leben ist einfach
00
75
800
overdeveloped.eu

So hat Michael Volkmer innerhalb seiner Firma Erfolg. Und er lebt es vor. Im Garten der Agentur gibt es jetzt ein Bienenvolk. Wenn sich ein Mitarbeiter darum kümmert, wird er mit einem Tag Urlaub belohnt. Einen freien Tag gibt es auch, wenn man 80 Tage im Jahr mit dem Fahrrad zur Arbeit fährt. Eine App kontrolliert dabei und wird gut genutzt. Wer zehn Jahre in dem Unternehmen tätig ist, bekommt einen kompletten Monat Extra-Urlaub. Bei voller Bezahlung.

Hier fallen sich Nachhaltigkeit und Mitarbeiterwertschätzung geradezu in die Arme. Michael Volkmer ist kein Schwätzer. Er macht. Und verzichtet. Gerade an dem Thema Wachstum kann man das sehen. Auch er hat von Großkonzernen viele gute Angebote bekommen, seine Firma zu verkaufen. Da war unheimlich viel Geld im Spiel, und Michael Volkmer kann jeden verstehen, der bei solchen Summen schwach wird. Aber auch in dieser Situation hat er nachhaltig gedacht

„Meine Frage war immer: Bringt so ein Verkauf nur mir persönlich was, oder auch der Firma, den Mitarbeitern." sagt er dazu. „Und ich bin zum Entschluss gekommen, dass es für meine Firma keine Vorteile bringt. Für die Käufer wären wir nur ein Baustein in deren Wachstumsstrategie. Und persönlich fühle ich mich sowieso schon total privilegiert in meiner Art, leben zu dürfen."

Michael Volkmer hat den Versuchungen standgehalten. Und er hat für sich das Thema „Wachstum" neu definiert – oder sagen wir, anders definiert. Vielleicht sogar wertschätzend definiert, wenn man zum Beispiel mit dem Soziologen und Sozialpsychologen Harald Welzer zu dem Schluss kommt, dass „man ohne tiefgreifenden Wandel von Wirtschafts- und Lebensweisen nicht durch das 21. Jahrhundert kommen wird."[9]

Aus gutem Grund: Die Werbebranche agiert in einem Feld, in dem man mit guten Ideen unheimlich schnell nach oben schießen kann. Und ab einer bestimmten Phase hat Michael Volkmer gar nicht mehr hinterfragt oder gesehen, dass Wachstum auch eine Schlagseite bekommen kann.

„Wir haben uns über mehr Umsatz gefreut, über die steigende Zahl der Mitarbeiter und dabei gar nicht gemerkt: Dieses Wachstum tut uns nicht gut. Die Qualität hat darunter gelitten, es gab viel Wechsel innerhalb der Mitarbeiter und irgendwann haben wir uns gefragt: Wer zwingt uns eigentlich zu wachsen?"

Die Devise „Man muss wachsen und mehr Gewinn erwirtschaften, um höhere Gehälter bezahlen zu können" hat Michael Volkmer irgendwann nicht mehr überzeugt. Nein, das ist nicht nötig! Auch wenn das über Jahrzehnte im Grunde immer DIE Maxime war und ist. Der so genannte *Shareholder Value*-Ansatz steckt dahinter, den mir mein Bruder Philipp zur Vorbereitung auf das heutige Treffen noch mal kurz erklärt hat: Strebt ein Unternehmen nach dem maximalen Profit für seine Aktionäre, müssen automatisch auch die Mitarbeiter profitieren, ebenso die Lieferanten. Am Ende sogar die ganze Gesellschaft und die Umwelt. Soweit die Theorie, das mathematische Modell, das auf dem Papier auch aufzugehen scheint. Doch die Realität dieses Ansatzes kennt neben einigen Gewinnern leider auch viele Verlierer, nicht zuletzt Umwelt und Gesellschaft.

Und genau hier kommt ein ähnlich klingender Begriff, „Shared Value" ins Spiel. Den hört man immer öfter und er leitet die Philosophie von Scholz & Volkmer. Auch dieses Modell ist natürlich darauf aufgebaut, dass Wirtschaften Ertrag bringen muss, logisch. Aber – und hier trennen sich dann die Wirtschaftswege – nicht auf Kosten anderer Menschen, Ressourcen oder nachfolgenden Generationen. Sondern im Gegenteil: Die eigene Verantwortung für Mitarbeiter, Gesellschaft und Umwelt ist der Kern des unternehmerischen Handelns.

Soweit der kleine Ausflug in die Wirtschaftstheorie – zurück in die Praxis, und zwar mit Michaels über 100-jähriger Oma. Einer ihrer Sprüche ist zu seinem ganz speziellen Wegweiser geworden: „Meine Oma ist noch total fit im Kopf. Als ich mal versucht habe, ihr Computer, Internet und Co. zu erklären, fragte sie mit ganz ruhiger Stimme: ‚Michael, braucht's das wirklich?' Und über die Frage denke ich immer erstmal nach, bevor ich wichtige Entscheidungen treffe."

> Meine Oma hat immer gefragt: „Michael, braucht's das wirklich?" Und über die Frage denke ich erstmal nach, bevor ich wichtige Entscheidungen treffe.

„Braucht's das wirklich?"

Einfach. Schlicht. Treffend. Kein rhetorisch ausgefeiltes Zitat von Heine oder Kant oder einem Wirtschaftsprofessor. Das macht Sinn. Und bestätigt meine Ansicht, dass es gut ist, wenn wir den älteren Menschen unserer Gesellschaft doch mal etwas genauer zuhören, anstatt genervt die Augen zu verdrehen, wenn die Oma einmal wieder seelenruhig von damals erzählt.

Auch Michael Volkmer gibt mir noch eine sehr weise Strategie mit auf den Weg. Sozusagen seine persönliche Zusammenfassung unseres wissenschaftlichen Exkurses gerade: „Wir möchten als Firma nicht wachsen, sondern gedeihen. Das bedeutet in letzter Konsequenz auch eine andere Form von Gewinn. Eigenständigere Mitarbeiter. Klügere Produkte. Coolere Kunden. Mit allen Chancen und Risiken. Das frustriert oft, bringt aber längerfristig Erfolgserlebnisse. Wir wollen unsere Kunden auch nicht missionieren. Jeder zu seiner Zeit. Aber wir glauben, dass wenn sich ein Unternehmen in Richtung Nachhaltigkeit auf den Weg macht, dann erst recht mit uns zusammenarbeiten will."

Sollte man also manchmal lieber einen Schritt zurücktreten und abwarten? Vielleicht die eigene Motivation nochmal überprüfen und das Profil schärfen?

„Wir brauchen wieder andere Bilder im Kopf.", sagt Michael Volkmer am Ende des Gesprächs. „Unsere Gesellschaft ist jahrzehntelang auf ‚Technik wird's lösen' getrimmt worden. Andere Kulturtechniken sterben hingegen aus. Wer vermittelt heutzutage noch Wissen im Gärtnern, Kochen, Backen, Reparieren? Doch genau das sind Fertigkeiten, die wir brauchen. Und die wollen wir positiv besetzen und den Menschen schmackhaft machen."

Wir möchten als Firma nicht wachsen, sondern gedeihen.

Bevor ich die Agentur verlasse, gönne ich mir noch ein gutes Glas „158-er". Direkt aus dem Agenturhahn. Es schmeckt frisch und klar und hinterlässt ein gutes Gefühl. Ein Gefühl, das Lust auf mehr macht.

Und genauso war das Gespräch auch. *Scholz & Volkmer* ist keine weltfremde Agentur mit ein paar spleenigen Ideen. Nein, diese Werbeagentur kennt und akzeptiert die Regeln der Branche, spielt oben mit und ist trotzdem anders.

Nachhaltig halt!

AQUAE
MATTIACUM
158
SCHOLZ&VOLKMER
AQUAE
MATTIACUM
SCHOLZ&VOLKMER

Erfolgsfaktor Wertschätzung:

WARUM WIRTSCHAFTSUNTERNEHMEN IHRE MITARBEITER IM BLICK HABEN SOLLTEN

Ich habe in vielen Betrieben gearbeitet. Schon als Jugendlicher. Mein Vater war lange Unternehmer. Er hat viele Jahre einen mittelständischen Familienbetrieb in dritter Generation weitergeführt, in der ostwestfälischen Möbelbranche, mit allen Höhen und Tiefen. Ich habe es genossen und verflucht. Denn wenn man ernsthaft und mit allen Konsequenzen eine Firma leitet, dann gibt man seinen Job nicht an der Garderobe ab, sondern nimmt viel mit nach Hause. Das habe ich gespürt.

Als meine Geschwister und ich schon älter waren und der Konkurs am Ende nicht mehr aufzuhalten war, haben wir unseren Vater und unsere Mutter mit aller Kraft unterstützt. Nicht zuletzt auch deshalb habe ich bis heute großes Verständnis für Unternehmer und viel Respekt vor Führungskräften, die das Wohl der Firma und nicht das eigene Ego im Blick haben.

Dann habe ich Kommunikationswissenschaft, Literatur und Französisch studiert. Ich liebe Menschen und ihre Geschichte(n). Ich bin Moderator und Journalist geworden und habe durch meinen Job Einblick in die unterschiedlichsten Branchen und Wirtschaftsbereiche bekommen.

Ich empfinde es als Privileg, bei den verschiedensten Events, die ich moderiere, mit Vorstandsbossen und Entscheidern ins Gespräch zu kommen – sowohl auf als auch hinter der Bühne oder in der Kabine. Wir unterhalten uns über Gott und die Welt und ich bekomme oft einen besonderen Zugang zu ihnen, wenn ich Firmenveranstaltungen moderiere. Sie fassen Vertrauen, wenn sie merken, dass die Veranstaltung bei mir in guten Händen ist, ich aber trotzdem als Journalist erkennbar bin und bleibe. Sie sehen in mir keine Konkurrenz und deshalb kommen wir ins Gespräch. Offen, tief und humorvoll.

Was ich damit sagen will: Ich habe also über Business-Themen nicht nur gehört, geredet oder auch gelesen, sondern jahrelang selber die Ärmel hochgekrempelt und im staubigen Betriebsraum an den lauten Maschinen gestanden. Habe heikle Veranstaltungen moderiert, in denen es manchmal darum ging, zwischen oberster Geschäftsführung und den Mitarbeitern großer Unternehmen zu vermitteln und zumindest wieder für eine angemessene Form der Kommunikation zu sorgen. Intime Einblicke, die mir gezeigt haben, wie Wertschätzung in Unternehmen funktioniert – und wie nicht.

Ich bin kein Betriebswirt und auch kein Sozialökonom. Und vielleicht macht es genau deshalb Sinn, dass ich meine Gedanken und Erlebnisse über Wertschätzung in der Wirtschaft und im Arbeitsleben mit Ihnen teile.

Fest steht: Verantwortungsträger müssen sicherstellen, dass Unternehmen Gewinne einfahren und wachsen. Die Mitarbeiter sind das höchste Gut des Unternehmens und stehen damit auch im besonderen Fokus der Geschäftsführer. Um den richtigen Mitarbeiter auszuwählen, gibt es aufwändige Bewerbungsverfahren, an denen ausgewählte Bewerber teilnehmen dürfen.

So weit, so gewöhnlich.

Anders als in meiner Branche, wo die individuelle Kreativität die offizielle Form schlägt und mir gerade in meinen Anfängerjahren so manches Vorstellungsgespräch beschert hat, wird im Big Business noch immer sehr viel Augenmerk auf die richtige Form gelegt. Der Lebenslauf muss blitzeblank sein und darf keine Lücken haben. Wobei ich finde, dass Lücken im Lebenslauf nicht immer schlecht sein müssen. Lücken im Sinne von „nicht unbedingt der Norm entsprechend, andere Interessen in den Blick nehmend, den Horizont erweiternd und nicht allein die blütenweiße Vita und die eigene Karriere, sondern das Leben und auch andere Menschen im Blick habend".

Auslandsaufenthalt und Einser-Abi sind das eine – aber was ist mit der Unterbrechung im Studium, weil da jemand seine kranke Mutter gepflegt hat? Wieviel sagt das über den Charakter dieser Person aus?

In Linz, bei unserem ersten Treffen als „Wertschätzerkollektiv", haben wir genau das verbal in Form gegossen: „Die andere Vita" – eine Art „Xing" für soziale Kompetenzen. Wir haben überlegt, eine Plattform zu schaffen, die sich neben den klassischen Daten, Fakten, tollsten Leistungen und Auszeichnungen der Job-Anwärter vor allem den sozialen Kompetenzen, den Brüchen im Lebenslauf und anderen Skills widmet. Eben genau jene, die in keiner Bewerbung auftauchen, aber ganz oft den Unterschied machen im (Berufs-)Alltag.

Auslandsaufenthalt und Einser-Abi sind das eine – aber was ist mit der Unterbrechung im Studium, weil da jemand seine kranke Mutter gepflegt hat? Was hat sich der Bewerber da für zusätzliche Fähigkeiten draufgeschafft, draufschaffen müssen? Wieviel sagt das über den Charakter und das Verantwortungsgefühl dieser Person aus?

Es geht nicht darum, diese Dinge zu glorifizieren, sondern sie nicht unter den Tisch fallen zu lassen. Ich bin mir sicher, da kämen so einige Überraschungen ans Licht, die für Unternehmen unheimlich wertvoll sind.

Headhunter würden das Netz und die Unternehmen dann nicht mehr nur nach dem gradlinigsten Weg auf der Karriereleiter oder dem besten Notendurchschnitt durchforsten, sondern suchen nach wertvollen Mitarbeitern, die neben einem Fulltimejob auch noch den örtlichen Hospizkreis leiten oder die überregionale Arbeit des Deutschen Roten Kreuzes koordinieren.

Wenn jemand so eine Arbeit „nebenbei" managt, dann wird er wahrscheinlich ein gutes Zeitmanagement haben, außerdem Empathie besitzen und im besten Fall auch noch mit Menschen umgehen können. Wichtige Assets für Unternehmen in jeglichen Branchen.

Mathis Gerkensmeyer, unser Mitwertschätzer, ist beim Start-up *Runtastic* in der Geschäftsleitung für die Finanzen verantwortlich und somit in Bewerbungsverfahren und -gespräche mit eingebunden. Bei *Runtastic* wurden sogenante *Code Values* ausgearbeitet, also zentrale Werte, die die (Zusammen-)Arbeit im Unternehmen bestimmen. Diese Werte sorgen auch dafür, dass beim Einstellungsprozess von neuen Mitarbeitern das Augenmerk nicht nur auf den fachlichen Fähigkeiten liegt.

„Finden wir bei einer Bewerberin oder einem Bewerber beispielsweise heraus, dass sie oder er wenig Wert auf die gemeinsame Arbeit im Team legt, stellen wir die Person nicht ein, egal wie gut ihre Ausbildung und bisherige Erfahrungen sind", sagt er. „Da sind wir echt viel rigoroser als ich es bei anderen Unternehmen miterlebt habe! Umgekehrt gilt übrigens auch: Passt jemand menschlich und vom Werteverständnis voll bei uns rein, sind wir sicher, dass mögliche fachliche Defizite schnell ausgeglichen werden können. Und der Erfolg unseres Unternehmens gibt uns Recht, dass man mit einem ausgeprägten Teamgedanken und gegenseitiger Wertschätzung verdammt viel erreichen kann!"

Das zwischenmenschliche Klima innerhalb der Firma ist ein Erfolgsfaktor. Eine klassische Win-Win-Situation. Denn „Wertschöpfung entsteht durch Wertschätzung"[10], wie der mehrfach ausgezeichnete Psychologieprofessor Dieter Frey in einem Interview sagte. Er vertritt die Ansicht, dass der Mitarbeiter, der sich nicht wertgeschätzt fühlt, sein Potenzial nicht aktivieren kann. Das schlimmste Gefühl für einen Mitarbeiter ist, nicht wichtig zu sein, nicht ernst genommen zu werden, eine Nummer zu sein.

Die Kunst der Wertschätzung liegt dabei in den berühmten Kleinigkeiten: positives und ehrlich gemeintes Feedback zum Beispiel. Auch wenn etwas nicht gut läuft, sind wertschätzende Rückmeldungen etwas, das sich Mitarbeiter wünschen. Wenn Führungskräfte also ihren Mitarbeitern zeigen, dass sie wichtig sind, und es auch so meinen, wird ihr Potenzial aktiviert. Das klingt so einfach, aber es entfaltet in der Praxis tatsächlich eine verblüffende Wirkung.

Doch warum ist das anscheinend so schwer? Es gibt Chefetagen, die sich mit der Wertschätzung gut auskennen, aber ganze Generationen von Führungskräften scheinen immer noch einen Führungsstil zu fahren, der sehr diktatorisch daherkommt. Auf der kopflosen Jagd nach dem schnellen Erfolg werden die Mitarbeiter klein gemacht, angetrieben und unter Druck gesetzt.

Das hat vielleicht auch einen kurzfristigen Effekt, aber nachhaltig ist das nicht. Wenn Menschen aus Angst agieren, wird die Kreativität erstickt und das Vertrauen bleibt auf der Strecke.

Mein Bruder und Mitstreiter in Sachen Wertschätzung, Philipp Niedernolte, der als Finanzexperte in der langfristigen Unternehmensplanung der BMW-Group tätig ist, hat es auf den Punkt gebracht: „Glücklicherweise sind wir in der Lage, uns zu verändern. Wir können alte Muster ablegen und neue Verhaltensweisen erlernen. Doch eine der Kernfragen, die dabei in den Unternehmen auf uns zukommt, das ist die Frage, ob wir auch in der Lage sind, unser Führungsverhalten zu ändern."

„Führung ist eine Entscheidung und kein Rang"[11], schreibt Simon Sinek, der anglo amerikanische Unternehmensberater, Journalist und Autor in seinem Buch „Leaders eat last". Er beschreibt, dass viele Führungskräfte von Unternehmen eher Herrscher als Leiter sind.

„Das Problem mit Kooperation und auch mit Vertrauen ist doch gerade, dass man sie nicht anweisen und befehlen kann, weil sie das Innerste unserer Empfindungen betreffen", führt Philipp weiter aus. „Unternehmen werden nur dann erfolgreich sein und bleiben, wenn sie es schaffen, eine Atmosphäre von Vertrauen zu schaffen, die den Mitarbeitern alle Möglichkeiten zur Entfaltung, zum Lernen, Ausprobieren und Scheitern gibt. Es geht als Führungskraft um nichts anderes, als alles dafür zu tun, dass das Team sein Potenzial hebt, allen Fehlern und allem Scheitern zum Trotz.

Also nicht herrschen, sondern führen. Damit gibt man Kontrolle ab, aber nur so kann Vertrauen und gegenseitige Sympathie wachsen. Beispiele dafür gibt es noch genug.

Der amerikanische Bestseller Autor, Keynotespeaker und ehemaliger CSO von *Yahoo*, Tim Sanders, hat sich für sein

Buch „Der Sympathiefaktor – Menschen erfolgreich für sich gewinnen[12]“, durch jede Menge aufwändige Studien gefressen und mir damit eine Menge Arbeit abgenommen. Er will wissenschaftlich nachweisen, dass „Sympathie“, so wie die Übersetzer es nennen, oder „Love“ als die „Killer-App“, wie er es im Original beschreibt, einen messbaren Unterschied machen.

Angefangen im persönlichen Alltag jedes Einzelnen bis hin zum messbaren Output eines Wirtschaftsunternehmens. So kommt bereits im Jahr 2000 eine Studie der Yale-Universität zu dem Ergebnis, dass „Menschen im Gegensatz zu Tieren nicht dadurch erfolgreich sind, dass sie aggressiv sind, sondern nett. Die Untersuchung ergab, dass die erfolgreichsten Führungspersönlichkeiten, vom Geschäftsführer bis zum Vorsitzenden des Elternbeirates, ihre Untergebenen mit Respekt behandelten und sich aufrichtig bemühten, gemocht zu werden. Dieser Ansatz zog Unterstützung auf sich und führte so zu größerem Erfolg.“[13]

> Nicht Geld, sondern Wertschätzung für Geleistetes ist der größte Antrieb für Mitarbeiter.

Und dieser Wertschätzungs-Erfolg, wie ich ihn an dieser Stelle mal nennen möchte, kann sich mehr als sehen lassen: Organisationen mit einem positiven Verhältnis gegenüber ihren Angestellten erreichen eine fünfzehn bis zwanzig Prozent höhere Produktivität (...). Manager, die ein positives Verhältnis zu ihren Angestellten pflegen, genießen auch deren Loyalität. Die Angestellten suchen selbst nach Lösungen und müssen nicht bis ins Detail angeleitet werden, denn sie möchten, dass ihr Chef sein Ziel erreicht. [14]

Denn „nicht Geld, sondern Wertschätzung für Geleistetes ist der größte Antrieb für Mitarbeiter!“, hat mir Anne M. Schüller einmal gesagt. Eine faszinierende und einfühlsame Management-Trainerin, Bestsellerautorin und Betriebswirtin. Zusammen haben wir ein Seminar für Führungskräfte moderiert. Und ihre Leidenschaft für den Menschen im Mitarbeiter, ihre Wertschätzung für die Leistung jedes Einzelnen, die haben mich inspiriert. Denn auch sie hat immer wieder neu nachgewiesen, wie Wertschätzung und Wertschöpfung miteinander zusammenhängen.

Solchen Menschen, die Führungsaufgaben so interpretieren und damit endlich wieder Innovationen in unseren Unternehmen fördern, wird hoffentlich die Zukunft gehören.

> Warum erfahren diejenigen, die in ihren Berufen Wertschätzung leben und weitergeben, so wenig Wertschätzung, vor allem auch in finanzieller Hinsicht? Kranken- und Altenpfleger? ErzieherInnen?

Übrigens ist diese Art der Wertschätzung keine Einbahnstraße. Auch die Wertschätzung der Mitarbeiter dem Chef gegenüber fehlt oft. Wie schnell gibt's dummes Gerede über den Chef in der Kantine, wie schnell wird ÜBER die Vorgesetzten gesprochen statt mit ihnen, und wie schnell verbreitet sich üble Nachrede in einer ganzen Firma.

Das Misstrauen und die Vorurteile, die leitenden Mitarbeitern entgegengebracht werden, sind oftmals nicht gerechtfertigt. Das Denken: „Der Vorgesetzte ist mein Feind“ verhindert eine gute Zusammenarbeit. Denn wer mit so einer Grundhaltung seiner Arbeit nachgeht, ist für ein schlechtes Klima mitverantwortlich.

Auch hier ist es wichtig, fair zu spielen und nicht alle Schuld bei der Geschäftsführung zu suchen.

Apropos fair spielen: Wenn wir über das große Business reden, über Innovationen und die Zukunft, dann wird ein Bereich immer schnell vernachlässigt oder gar nicht erst in den Blick genommen: die sozialen Berufe.

Warum erfahren diejenigen, die in ihren Berufen Wertschätzung leben und weitergeben, so wenig Wertschätzung, vor allem auch in finanzieller Hinsicht? Kranken- und Altenpfleger? ErzieherInnen?

Es wäre toll, wenn wir in Zukunft genau diese Berufsgruppen meinen, wenn wir über Big Business reden. Es gibt noch viel zu wenige Keynote-Speaker, die aus der Pädagogik kommen. Es gibt viel zu wenig Respekt für Menschen, die nicht im Anzug auftreten, sondern gerade aus dem Bastelraum kommen und nebenbei drei weinende Kinder trösten. Diese Menschen müssen besser bezahlt und besser ausgerüstet werden. Sie müssen endlich die Anerkennung bekommen, die sie verdienen.

Ich habe die Befürchtung, dass wir so wachstumsorientiert sind, dass wir die Menschen, die krank sind oder die der älteren Generation einen würdevollen Lebensabend bescheren, völlig aus dem Blick verlieren. Ein großer Fehler.

Denn auch das ist Big Business. Und Wertschätzung. Die Menschen, die maßgeblich dazu beigetragen haben oder beitragen werden, dass unser Land, unser Kontinent, unsere Welt zu so einem Wohlstand gekommen ist, bekommen Wertschätzung, indem die Menschen, die sie pflegen oder betreuen, mehr Geld bekommen.

Denn die beste Pflege und die beste Ausbildung hat jeder verdient. In der Altenpflege, egal, ob jemand ein großer Manager war oder eine großartige Hausfrau. In der Erziehung, egal, ob ein Kind später Bundeskanzlerin wird oder Sozialarbeiter.

Wertschätzung heißt, dem Leben die Tür aufzuhalten

Ich habe den Job!

Ein Anruf und eine Mail haben gereicht. Ich bin Teil der Berichterstattung von ARD und ZDF über die Leichtathletik-Europameisterschaften in München. Ohne Casting und Agentur.

Was habe ich mich gefreut damals, 2002 in München. Ein TV-Job und dann auch noch bei einem großen Sportevent, live! Da spielte es keine Rolle, dass es eher eine Aufgabe im Hintergrund war. Denn ich brauchte als Student Geld, und deshalb hatte ich mich um einen Job als Kabelträger beworben.

Vom 6. bis 11. August hieß es dann: Stabhochspringern aus nächster Nähe auf den Stab und Kugelstoßern auf die Kugeln schauen. Und nebenbei schön aufpassen, dass die Kameramänner und -frauen nicht über ihre Kabel stolpern. Mit einigen Kollegen von damals habe ich heute noch Kontakt.

Für mich war dieser Job außerdem die Gelegenheit, nach dem Eingang in die Welt der öffentlich-rechtlichen Fernsehsender zu suchen. Und diese Suche führte mich zu den Übertragungswagen des ZDF. Denn in einem dieser Container saß die Reporterlegende Wolf-Dieter-Poschmann, damals Sportchef des ZDF.

Kurz vor Ende der EM habe ich „Poschi“ richtiggehend aufgelauert. Er wollte gerade Feierabend machen, ließ sich aber bereitwillig auf ein Gespräch ein, lobte neben meinem Einsatz als Kabelträger vor allem meine Hartnäckigkeit und mein Bemühen um ein Treffen. Und gab mir die Kontaktdaten seiner Sekretärin mit den Worten: „Melde dich.“

Diese Visitenkarte war meine Goldmedaille der EM. Ich war dem Fernsehen ganz dicht auf den Fersen. Dachte ich zumindest. Eine ganze Strecke hatte ich schon hinter mir. Querbeet, wie man in meiner ostwestfälischen Heimat sagt. Die Stationen: Hallescher FC, Medizin und MDR.

Nach dem hoffnungsvollen Intro mit der Live-Reportage zur Fußball WM 1990 im elterlichen Keller schaute ich nach der Schule und dem Zivildienst erstmal nicht in Richtung Mikrofone, Kameras und Co. Nicht, weil die Leidenschaft des Redens oder Präsentierens weg gewesen wäre. Ganz und gar nicht! Als Teenager habe ich für meine Auftritte als Hape Kerkeling-Imitator sogar ganz ordentlich verdient und die eine oder andere Feier aufgeheitert. Später habe ich dann auch noch Moderationsseminare besucht und lokale Events moderiert.

Aber meine Idee war zunächst eine ganz andere, als das Ende des Zivildienstes immer näher rückte: Medizin! „Ich werde Sportarzt!“, war ich überzeugt.

Und so landete ich kurze Zeit später tatsächlich in Halle an der Saale. Mit meinem ganz passablen Abidurchschnitt habe ich dort einen Studienplatz zugewiesen bekommen. Und den habe ich auch tatsächlich angetreten. Aber im Grunde vor allem, um meiner zweiten Leidenschaft, dem Fußball, nachgehen zu können. Der Traum vom Profifußball schlummerte in mir wie in tausend anderen Kindern und Jugendlichen auch. Und ich habe ihn verfolgt. Und zwar auf der höchstmöglichen Ebene, die ich erreichen konnte. Das bedeutete in meinem Fall: Vertragsamateur beim Ostkultklub „Hallescher FC“. Ich war also kein Vollzeitfußballer, aber ein bezahlter Spieler, der noch ein anderes Standbein hatte. Die Uni habe ich später auch ein paar Mal von innen gesehen, aber deutlich öfter stand ich auf dem Trainingsplatz und habe versucht, die damalige Nr. 1 aus dem Tor zu verdrängen.

Zeitgleich zu meinen fußballerischen Ambitionen verschaffte mir ein „Tag der offenen Tür“ im MDR-Funkhaus unverhofft neuen Rückenwind: Ich gewann doch tatsächlich einen Moderations-Auftritt in den neuen „mdr JUMP“-Studios, *live on air* mit Marko Ramm und Simon Kober (einem Radio-Gott, auf dessen Berliner Couch ich heute noch das ein oder andere wichtige CL-Spiel zelebriere).

Im Studio war ich voll in meinem Element. Ich plauderte locker drauflos, bewegte mich wie selbstverständlich vorm Mikrofon und fing ganz neu Feuer für diesen Job. Meine Moderationsleidenschaft hatte ich wohl einfach nur unterdrückt. Über Umwege sprang dann ein Praktikum beim Sender heraus. Das kam mir sehr gelegen, denn das Medizinstudium hatte ich sowieso an den Nagel gehängt, und auch meine fußballerischen Ambitionen musste ich mehr und mehr begraben. Das war schmerzhafter als es sich jetzt liest.

Im Praktikum im Sender schob ich Nachtschichten, führte Interviews, bereitete Sendungen vor, schnitt Aufnahmen und arbeitete den Moderatoren zu. Ich habe richtig Gas gegeben, und das wurde wahrgenommen. Mein Ansehen stieg, und aus dem Praktikum wurde eine freie Mitarbeit. Am Ende wurde ich sogar als Redakteur eingesetzt und war verantwortlich für die wichtigste Sendung des Senders. Aber vors Mikrofon durfte ich nicht.

Wollte ich aber. Und nicht nur das. Ich wollte auch vor die Kamera.

Also machte ich wieder einen Cut und schrieb mich für die Studiengänge Kommunikationswissenschaft, Literaturwissenschaft und Französisch an der Uni in München ein. Die Stadt mit den meisten Fernsehsendern, so meine strategische Überlegung. Sollte es bei Sender A und B nicht klappen, konnte ich es ja immer noch bei C, D oder E versuchen.

Mit meinen ersten Medienerfahrungen im Gepäck landete ich also als Kabelträger bei der Leichtathletik-EM. Daraus entwickelte sich tatsächlich eine mehrwöchige Hospitanz beim ZDF, inklusive einer Tribünendauerkarte im aktuellen Sportstudio.

Wenn ich in den Bundesligastadien schon keine Bälle halten konnte, dann wollte ich doch wenigstens über die gehaltenen Bälle berichten. Und zwar ebenfalls in der obersten Liga der Medienmacher. Keine Frage, nach dieser Hospitanz beim ZDF im Jahr 2004 blieb ich dran.

Ich vereinbarte einen Termin mit der Sportredaktion und fuhr einige Wochen später wieder nach Mainz, um die Aussichten auf einen ersten Vertrag auszuloten. Dabei ging es nicht um einen potenziellen Moderationsjob, sondern schlicht und einfach um eine freie Mitarbeit. Doch für mich fühlte es sich an wie ein weiterer wichtiger Schritt auf dem Weg zur Erfüllung meines Moderationstraums.

In Mainz angekommen dann die Ernüchterung: Die Fernsehwelt hatte anscheinend nicht auf Tim Niedernolte gewartet. Denn nicht einmal die Sportredaktion des ZDF war auf ein Gespräch vorbereitet. Sie hatten den Termin schlicht vergessen. Der Sportchef (damals schon nicht mehr Wolf-Dieter

Poschmann) war nicht da. Immerhin organisierte man seinen Stellvertreter, der mit mir dann auch ein sehr nettes Gespräch führte. Aber an diesem Tag habe ich schmerzhaft erfahren, wie es sich anfühlt, wenn noch vor dem Gespräch mit dem überraschten Blick der Sekretärin alle Träume wie eine Seifenblase zerplatzen. Geknickt fuhr ich zurück nach München. Das war im Jahr 2004.

Ich bin trotzdem beim ZDF gelandet. Knappe sechs Jahre später. Als Moderator der Kindernachrichtensendung *logo!*. Nicht in der Sportredaktion.

Das ist nur ein Beispiel aus meinem Berufsleben, das zeigt, dass Enttäuschungen, Umwege und Einbahnstraßen zur normalen Route des Lebenslaufs gehören. Jede Moderatorin und jeder Moderator kann nicht nur ein Lied, sondern eine ganze Arie davon singen. Ich mag zum Glück auch diese herausfordernden Zeiten. Sehr sogar. Nicht zu wissen, was hinter der nächsten Ecke wartet, spornt mich an und motiviert mich. Ich messe mich gerne mit anderen Kollegen. Ich mag auch Castings. Der Wettbewerb, der Challenge, auf den Punkt präsent zu sein und mit einem guten Auftritt etwas Neues an Land zu ziehen.

Ein Casting aus der jüngeren Vergangenheit werde ich allerdings nicht vergessen, weil es beispielhaft für die eine Sache steht, an die ich mich in diesem Business nie gewöhnen werde – an die fehlende Wertschätzung an entscheidenden Stellen.

Ein großer deutscher Privatsender suchte einen neuen Moderator für eine tägliche Sendung, seit vielen Jahren schon etabliert. Es war ein ziemlich großes und aufwändiges Casting und fand in verschiedenen Runden und sogar in mehreren Städten statt. Ich wurde eingeladen, und die ersten Aufnahmen liefen gut.

Dann schaffte ich es in die Endrunde mit nur noch sehr wenigen anderen Kollegen. Tolle Moderatoren, erfahrene Leute, alle ähnlich alt und auch ähnliche Typen wie ich. Da konnte man gut herauslesen, was für eine Person der Sender suchte.

Die letzte Testsendung in Köln wurde im ganz großen Stil produziert. Ich gab alles und war mit meiner Leistung zufrieden. Danach hieß es warten.

Und nicht zu viel erwarten: Jeder konnte es werden. Und jeder konnte es auch nicht werden. Das akzeptierte ich. Was ich nicht akzeptieren kann, ist das unrühmliche Ende dieses Castings: Nach mehreren Wochen ohne Rückmeldung, selbst auf persönliches Nachfragen, wie lange zumindest der Auswahlprozess noch dauern könnte, erfuhr ich eines Morgens aus dem Internet: „Oh, ich bin es wohl nicht."

Denn der Sender stellte den neuen Moderator in einer Pressemitteilung vor. Doch man hat es nicht für nötig befunden, die wenigen anderen Kandidaten, die es in die Endauswahl geschafft hatten, zumindest kurz darüber zu informieren.

So etwas nervt mich tierisch.

Ich bin kein schlechter Verlierer und habe auch nicht so ein schwaches Ego, dass ich nicht mit Absagen umgehen kann. Das ist und bleibt ein Teil der Branche und es ist in Ordnung für mich.

Aber ich kann und will nicht hinnehmen, dass man einem Bewerber, der in der näheren Auswahl war, nicht einmal eine anständige Absage gönnt. Ein Zweizeiler per Mail. Von wem auch immer. Ein kurzer Anruf. Das wäre doch möglich gewesen, gerade nach diesem so aufwändigen Auswahlprozess über Monate. Einfach ein bisschen Wertschätzung für die Menschen, die hinter den Moderationsbewerbern stehen.

Eine kurze Info hätte nichts an der Entscheidung gegen den Moderator Tim Niedernolte geändert. Aber es wäre eine Entscheidung für die respektvolle Behandlung des Menschen Tim Niedernolte gewesen.

Es sind nicht immer nur die großen Worte und Taten, die relevant sind. Es sind vor allem die kleinen, versteckten Dinge, die zeigen, dass wir uns mit Respekt begegnen: Sich gegenseitig die Tür aufhalten ist zum Beispiel so eine kleine nette Geste. Kostet nichts und sagt so viel. Sich gegenseitig einen schönen Abend wünschen, jemandem an der Kasse mal den Vortritt lassen, mit zwanzig Cent aushelfen, einer Frau mit Kinderwagen beim Verlassen der S-Bahn helfen ... sich schlichtweg gegenseitig wahrnehmen, und zwar auch dann, wenn man scheinbar keinen ersichtlichen Nutzen davon hat.

Es sind nicht immer nur die großen Worte und Taten, die relevant sind. Es sind vor allem die kleinen, versteckten Dinge, die zeigen, dass wir uns mit Respekt begegnen.

Haben Sie den mit 6 Oscars ausgezeichneten Film „La La Land“ gesehen? Wenn nicht, empfehle ich ihn sehr! Eine Liebes- und Lebensgeschichte, mit toller Musik. Es geht um die Schauspielerin Mia und den Jazzpianisten Sebastian. Beide ziehen nach Los Angeles, um Karriere zu machen. Im Gepäck haben sie einige Träume und viel Motivation.

Wie die großartige Schauspielerin Emma Stone die fiktive Schauspielerin Mia verkörpert, das war mein Highlight! Und zwar bei den Casting-Szenen in dem Film. Die kurzen Momente, in denen Mia wieder einmal für eine neue Rolle vorspricht. Und von den Produzenten und Castern in einer so schroffen und demütigenden Art und Weise abgebügelt wird, wie es wohl nur die Medienszene kann. Besser als in diesen großartig gespielten Szenen bei „La La Land“ kann man fehlende Wertschätzung nicht auf die Leinwand bringen.

Wir Menschen sind es gewohnt, bewertet zu werden. Analysen, Kritik und Einschätzungen sind Teil des Jobs. Egal ob als

Bäcker, Architektin oder Moderator. Und das ist ja auch alles durchaus berechtigt.

Dennoch lechzen wir alle danach, wahrgenommen, respektiert und von unseren Mitmenschen gesehen zu werden. Nicht nur von den engsten Vertrauten wie Freunde oder Familie.

Wir alle lechzen danach, wahrgenommen, respektiert und von unseren Mitmenschen gesehen zu werden.

Der Name Gordian steht für mich für so eine Haltung. Gordian ist der *logo!*-Redakteur, der damals das Casting für den Job als Kindernachrichtenmoderator verantwortet hat. Ich erwähne ihn nicht, weil ich aus über 1.000 Bewerbern ausgewählt wurde und den Job dann schlussendlich sogar bekommen habe. Nein, ich sehe Gordian heute noch vor mir, wie er im Schneidersitz neben dem Monitor sitzt, mich nach meiner Performance ansieht und fragt: „Bist du mit deinem Auftritt so zufrieden oder möchtest du noch mal, Tim?"

Ich wurde direkt misstrauisch, vermutete eine Falle, wie es gerne mal gemacht wird bei solchen Castings, um den Bewerber zu testen. Deshalb fragte ich auch lieber nach, ob das ein Scherz sei. Eben weil ich es schon viel zu oft anders erlebt hatte.

Gordian antwortete ruhig: „Nein, das ist kein Scherz. Aber als erstes musst DU dich doch wohl fühlen mit dem, was du hier ablieferst und aufgrund dessen dann eine Entscheidung getroffen wird."

Ich war völlig baff und weiß gar nicht mehr, ob ich dann tatsächlich noch eine Passage wiederholt habe. Sein Verhalten hatte mich überrascht. Ich habe mich tatsächlich respektiert gefühlt. Als Moderator und als Mensch. Und je länger ich darüber nachdenke, umso mehr glaube ich, dass diese Einstellung letztlich auch dem Sender hilft, der castet. Jemanden dabei zu helfen, gut zu sein und bestmöglich rüberzukommen – das ist ja auch taktisch nicht dumm.

Lieber stärken als kaputtmachen und kleinreden. Den Menschen und damit dem Leben die Tür aufhalten und sie ihm nicht vor der Nase zuknallen.

Und weil ich ein Freund von positiver Verstärkung bin, möchte ich Ihnen an dieser Stelle ein weiteres Beispiel liefern, bei dem nicht nur ich, sondern auch viele andere Kollegen gespürt haben, dass uns die Tür im wahrsten Wortsinn aufgehalten wurde.

Lieber stärken als kaputtmachen und kleinreden. Den Menschen und damit dem Leben die Tür aufhalten und sie ihm nicht vor der Nase zuknallen.

Es geschah während meiner Zeit als Moderator bei „hallo deutschland“. Nach einem vollen Tag, einer vollen Woche, in der wir Medien über die tragische Germanwings-Katastrophe berichten mussten, mit vielen Sondersendungen und zusätzlichen Live-Minuten, kam spät nachts noch eine Dankesmail eines hohen Vorgesetzen aus unsrer Hauptredaktion, die ich hier in Auszügen zitiere:

... Nach innen sichtbar wurden Professionalität, fachliches Können und ein energiegeladenes Engagement, Teamarbeit at its best, bei der sich jeder auf den anderen verlassen kann. Auch dieses Gefühl – das wünsche ich Ihnen und Euch allen – sollte mit uns nach Hause gehen, die Last des Themas ein klein wenig abfedern.

Ein herzliches Dankeschön an Sie und Euch!
Ich bin stolz auf das große Team.

Die Welt da draußen wird dadurch nicht auf einmal viel besser, aber auch in dieser düsteren Geschichte gibt es Licht – wie die Hilfsbereitschaft der Menschen rund um die Unglücksstelle und in den Heimatorten der Opfer. Da gibt es gemeinsam noch viel zu erzählen…

Diese Zeilen haben an der Situation an sich nichts geändert, aber sie haben meinen Kolleginnen, Kollegen und mir das Gefühl gegeben, dass wir positiv wahrgenommen werden. Dass es sinnvoll ist, was wir tun. Und dass wir für Leute arbeiten, die das Herz am richtigen Fleck haben.

Und das kommt an, wie eine direkte und dankbare Antwort eines Kollegen zeigt:

ja, das waren 2 tage, an denen man stolz war
für das zdf zu arbeiten.
darüber hinaus ist es sehr schön,
wahrgenommen und anerkannt zu werden.
respektvolle und dankbare grüsse

Genau das ist es, worum es mir geht. Und so hat auch jeder Vorgesetzte, jeder Entscheider, jede Person mit Personalverantwortung jeden Tag neu die Wahl, für welche Art des Umgangs mit seinen Mitarbeitern er oder sie sich entscheidet: für Wertschätzung mit Blick für den Menschen hinter dem Gecasteten, dem Kollegen, den Helfern im Hintergrund. Oder weiter wie noch immer viel zu oft – respektlos, von oben herab oder auch einfach nur kühl.

Warum eigentlich?

Wertschätzung braucht Mut:

DUNJA HAYALI UND DIE GOLDENE LEBENSREGEL

Dunja Hayali reist mit dem Fahrrad an. Und mit ihrer Hündin Emma. Die ist fast immer da, wo Dunja auch ist. Weit hat es die Fernsehmoderatorin nicht, denn wir haben uns in Berlin, in ihrem Kiez, verabredet. Kurz bevor sie ins Lokal schlendert, telefoniert sie noch eben.

Auch ihr Mobiltelefon ist ein ständiger Begleiter. Dunja kommuniziert. Worte und Buchstaben sind ihr Metier. Bei der Moderatorin und Journalistin gilt das gesprochene und geschriebene Wort. In vielfacher Hinsicht.

Ich bin dankbar, dass sie zugesagt hat. Zunächst hatte sie schweren Herzens abgelehnt, weil sie keine Termine mehr annehmen wollte. Zu viel los. Aber ihr Herz für unser Projekt und das Thema war größer als der übervolle Terminkalender. Und so ist sie doch dabei und wertschätzt uns direkt mal mit ihrer Zusage.

Sie wirkt etwas müde, als sie sich zu mir an den Tisch setzt. Kein Wunder, es ist ihre „mo:ma"-Woche. Sie ist die Hauptmoderatorin des ZDF-Morgenmagazins. Gemeinsam mit meinem guten Freund Mitri Sirin, mit dem auch Dunja eng befreundet ist, moderiert sie alle zwei Wochen von Montag bis Freitag die erfolgreichste Frühsendung im deutschen Fernsehen. Gesendet wird das ZDF-mo:ma aus dem Hauptstadtstudio.

Entstanden ist das öffentlich-rechtliche Morgenmagazin übrigens 1992 und der Anlass war der zweite Golfkrieg. ARD und ZDF wollten ihre ZuschauerInnen schon morgens über die aktuelle Lage informieren und so etablierte sich einige Zeit später ein festes Format.

Im Jahr 2014 war auch ich Teil des Teams. Als Nachrichtensprecher wurde ich alle 30 Minuten aus Mainz zugeschaltet und

Dunja, Mitri und ich haben uns locker und flockig die verbalen Überleitungsbälle zugespielt, um die letzten Momente bis zur vollen Stunde zu füllen. Ich liebe diese spontanen Talks. Und manchmal hätte ich mich am Liebsten aus dem eher steifen Nachrichtenstudio zu den beiden Kollegen auf die Berliner Couch gebeamt.

Dafür haben wir heute mehr Zeit zum Quatschen. Zum Glück. Denn es gibt viel zu erzählen. Über Dunjas Auszeichnung mit der Goldenen Kamera, das gesellschaftliche Engagement und die unermüdlichen Bemühungen, mit Menschen in den Dialog zu treten, vor allem mit denen, die eine andere Meinung haben als sie selbst.

Dunja erlebt sich selbst als gar nicht spektakulär. „Ich glaube, dass sich das Berufsfeld der Journalisten in den letzten Jahren erweitert hat", sagt sie. „Während sich viele unserer Vorgänger noch unbewusst abgeschottet haben und ohne direkten Kontakt mit den Zuschauerinnen und Zuschauern berichten konnten, bekommen wir durch das Internet jetzt direktes Feedback und können in den Dialog treten. Das finde ich großartig. Ich kann wunderbar mit vielen Menschen kommunizieren."

Und das tut sie auch. Als Person und als Journalistin.

Genervt ist sie, wenn man ihr die journalistische Neutralität abspricht: „Auch Journalisten dürfen eine Haltung haben. Vor allem, wenn sie sich mit dem Grundgesetz deckt. Was spricht dagegen? Eine Haltung ist etwas Grundsätzliches. Sie ist in uns verankert. Konkret: Ich bin zum Beispiel gegen Rassismus und für Humanität. Man darf Haltung nicht mit Meinung verwechseln. Eine Meinung bezieht sich auf einzelne Geschehnisse, Themen, Situationen. Wenn ich die in einem Interview äußere, was selten vorkommt, dann muss ich sie kennzeichnen und stehe in der Verantwortung, mich zu erklären."

Sie zitiert Hans Leyendecker, den profilierten Journalistenkollegen, der von der eigenen Haltung als unabdingbares „Geländer im Leben“ gesprochen hat.

„Was mich erschreckt“, fährt sie fort, „ist, wenn ich zum Beispiel bei Vorträgen scherzhaft davon rede, dass ich mich abends immer mit Frau Merkel abspreche, wie wir am nächsten Tag die politischen Themen am besten verkaufen. Und ich dann im Publikum sehe, wie die Menschen ohne den Anflug eines Lächelns im Gesicht einfach nicken. Die glauben das wirklich! Und dann stelle ich klar: Das passiert natürlich nicht! Wir werden vom Sender dazu angehalten, knallhart und kritisch nachzufragen und zu berichten.“

Genau aus diesem Grund hat Dunja Hayali 2016 die Goldene Kamera bekommen. In der Kategorie „Beste Information“ erhielt sie den Preis für ihre objektive Berichterstattung in der Flüchtlingskrise, etwa von einer AfD-Demonstration in Erfurt, bei der sie versuchte, mit den Teilnehmern ins Gespräch zu kommen.

Die AfD-Demo war für Dunja ein Schlüsselmoment. Die Erfahrungen, die sie bei dieser Veranstaltung gemacht hat, haben dazu geführt, dass sie Themen wie Fremdenfeindlichkeit, gegenseitiger Respekt, einander Zuhören und im Gespräch sein aus ihrem privaten Umfeld an die Öffentlichkeit geholt hat.

„Ab diesem Moment wollte ich verstehen, was die Leute umtreibt. Damit meine ich nicht die Fremdenfeindlichen, die Antisemiten, die Islamophoben oder Homophoben, die immer bei solchen Veranstaltungen dabei sind und Krawall machen, sondern die große Masse an sogenannten ‚besorgten Bürgern‘, die mitgelaufen sind. Ich habe mich gefragt: Woher kommt die Wut? Ist es die Nichtanerkennung oder das Gefühl, missachtet zu werden?“

Letzteres, so hake ich ein, ist übrigens ein ganz großes Defizit von Politikern, von uns Medien. Auch von mir persönlich. Viel zu lange in viel zu vielen Lebensbereichen nicht genügend zugehört, nachgefragt und sich auch nicht genügend interessiert zu haben. So wenig Verständnis ich fürs AfD-Wählen habe, so sehr kann ich aber verstehen, wenn sich jemand abgehängt fühlt und dafür ein Ventil sucht. Wenn auch aus meiner Sicht das Falsche.

Sie beginnt den Dialog, mischt sich ein, veröffentlicht persönliche Posts auf ihren persönlichen Seiten von Facebook und Twitter.

Dunja mag die Klassifizierung „besorgter Bürger" nicht, aber es dient nun mal der Vereinfachung im Gespräch. Man weiß sofort, von welcher Gruppe die Rede ist. Oder eben auch nicht. Denn bis dahin ist Dunja beim Umgang mit den Menschen immer bei der Wut und dem Hass hängen geblieben, die solche Menschen ausstrahlen und dabei ihre „Lügenpresse"-Plakate schwingen.

Sie beginnt den Dialog, mischt sich ein, veröffentlicht persönliche Posts auf ihren persönlichen Seiten von Facebook und Twitter. Ihre Follower werden immer mehr. Ihre Gegner auch. Beschimpfungen und Drohungen der übelsten Sorte muss Dunja Hayali über sich ergehen lassen. Zweimal klagt sie erfolgreich gegen Menschen, die sie persönlich verunglimpfen und ihr drohen.

Sie lässt sich nicht unterkriegen. Bis heute. Antwortet persönlich auf die Kommentare. Auch während unseres Gesprächs meldet das Handy in regelmäßigen Abständen neue Nachrichten. Sie nimmt es aber nicht in die Hand.

Diese Art der Kommunikation kostet Kraft. Menschen aus ihrem engen Umfeld raten ihr: „Pass auf dich auf! Mach weniger."

Sie macht weiter. Und freut sich über kleine Erfolge. Wenn Menschen ihr schreiben, dass sie die AfD wählen, aber über ihren Kommentar zum Nachdenken angeregt wurden, zum Beispiel.

Oder wenn Menschen sich bei ihr bedanken, dass sie gegen Beleidigungen und üble Nachrede angeht und dabei vor Gericht Erfolg hat. Das macht Mut!

Im Sport würde man wohl sagen: Dunja geht dahin, wo es weh tut. Sie schiebt Extraschichten und ist sich nicht zu schade, zu antworten, zu posten, zu antworten, zu posten ...

Das Verlangen nach Kommunikation, nach Diskussion über wichtige Themen, die auch in einer Demokratie nicht selbstverständlich sind und genau deshalb so ausführlich diskutiert werden müssen, ist ein Antrieb. Denn nur so funktioniert Zusammenleben. Für Dunja ist die Demokratie kein „Selbstbedienungsladen“. Da muss man schon selbst aktiv werden.

Dabei hilft ihr die journalistische Ausbildung und die moderative Begabung. In der Begründung, warum die Jury Dunja Hayali die Goldene Kamera verleiht, steht: „Hayali stellt ganz klare Fragen und geht keiner Konfrontation aus dem Weg. Das, was im Journalismus zum handwerklichen Selbstverständnis gehören sollte, erscheint bei Dunja Hayali so konsequent und normal – und fällt gerade deshalb auf.“[15]

Glaubst du, dass das was bringt, dieses Buch und das, was wir machen, das, was du machst?

Als ich diese Erklärung zur Vorbereitung auf das Gespräch gelesen habe, dachte ich sofort: Das kann man wunderbar auf das Thema Wertschätzung übertragen: *Das, was im Leben eigentlich zur zwischenmenschlichen Selbstverständlichkeit gehören sollte, erscheint bei den Wertschätzern so konsequent und normal – und fällt gerade deshalb auf.*

Die Goldene Kamera der Wertschätzung geht deshalb .... an Dunja Hayali und an Marcell Jansen, Pari Roehi, Michael Volkmer und Christian Rach.

Und an Sie! Vielleicht ja auch der Newcomer-Preis.

Und dann setze ich, ähnlich wie bei Pari, zu einer rhetorischen Finte an und zitiere einen Satzteil aus Dunjas Dankesrede bei der Golden Kamera: „Glaubt eigentlich irgendjemand, dass das irgendetwas bringt ..."

Sie unterbricht mich schmunzelnd: „ ... dieser ganze Hass." Das war der Wortlaut ihrer Rede.

„Nein, diese ganze Wertschätzung!“, vervollständige ich meine Frage.

Wir beide lachen.

„Glaubst du, dass das was bringt, dieses Buch und das, was wir machen, das, was du machst?“

Der Gedanke treibt mich tatsächlich um, denn je intensiver ich mich mit dem Thema beschäftige, umso lauter werden die kleinen Stimmchen in meinem Kopf, die mich davon überzeugen wollen, dass das doch alles keinen Sinn hat und „Was kann Tim Niedernolte schon ausrichten?“ flüstern.

Für Dunja steht das außer Frage.

„Klar! Das Thema Wertschätzung ist zwar nicht neu, aber zeitlos, und wir diskutieren jetzt in einer großen Öffentlichkeit über Wertschätzung und Anerkennung. Und es ist riesengroß.“

„Das ist ja genau das, was mir Angst macht“, hake ich ein. „Dass wir es nicht auf den Punkt bringen und damit zu sehr im Nebel stochern.“

Für Dunja ist diese Weite des Themas und Begriffes aber eher eine Chance als eine Grenze. „Es hat so viele Facetten und ist gerade deshalb so ein wichtiges und tolles Thema. Wir müssen es nur runterbrechen, und das gelingt an jeder Ecke des Lebens und des Alltags.“

Eine schöne und hilfreiche Perspektive. Ich will Beispiele von ihr hören.

„Das beginnt doch schon morgens, wenn ich aufstehe. Wie begegne ich meinem Partner oder meiner Partnerin? Das ist besonders für mich als Morgenmuffel immer einer Herausforderung.“ Sie lacht.

Überhaupt habe ich das Gefühl, dass sie im Laufe des Gesprächs immer offener wird. Ein Beweis dafür, dass ihr das Thema am Herzen liegt.

„Und wie begegne ich dem Busfahrer, dem Taxifahrer oder der Kassiererin?“, ergänzt sie. „Auch das ist meine Baustelle. Ist mir letztens erst wieder aufgefallen. Dadurch, dass ich oft aufs Smartphone schaue, gehe ich manchmal wie blind durch die Welt. Dabei entgeht mir einiges, aber es ist auch nicht besonders wertschätzend der Kassiererin gegenüber, wenn ich sie beim Bezahlen nicht mal anschaue. Das ist eine ganz kleine Stellschraube. Aber wenn das der Kassiererin, die da acht Stunden sitzt und auch nicht gerade übermäßig viel verdient, mehrmals passiert und sie sowieso gerade nicht gut drauf ist, dann kann bei ihr der Eindruck entstehen: Hier beachtet mich niemand. Ich bin weniger wert.“

Und dann überrascht mich Dunja mit ihrem Lebensmotto: „Was du nicht willst, das man dir tu, das füg auch keinem anderen zu.“

Das ist Dunjas Leitspruch, seit frühester Kindheit. Sie hat es so vorgelebt bekommen. Von ihren Eltern, denen sie viel zu verdanken hat. Nur wegen deren „unfassbarer Lebensleistung“ hat sie die Chance bekommen, ihren Weg zu gehen. Und das gegenseitige Rücksichtnehmen hat ihre Prägung entscheidend beeinflusst.

Der Spruch ist mir nicht neu, doch während Dunja ihn aufsagt, wird mir bewusst, welche enorme Bedeutung er hat. Denn sie zitiert gerade die sogenannte Goldene Regel der praktischen Ethik. Eine andere Version davon lautet: „Behandle andere so, wie du von ihnen behandelt werden willst.“ Oder: „Man soll niemals einem anderen antun, was man für das eigene Selbst als verletzend betrachtet. Dies, im Kern, ist die Regel aller Rechtschaffenheit.“[16]

Es gibt unzählige Formulierungen dieser Regel, und man findet sie oder den inhaltlichen Kern in jeder Weltreligion. In wirklich jeder. In der Bibel steht sie in Lukas 6, 31: „Was ihr von anderen erwartet, das tut ebenso auch ihnen.“[17]

Definitionen der Goldenen Regel sind in der Ökonomie, der medizinischen Ethik oder, und da hüpft mein Germanistenherz ganz besonders, in der Philosophie vertreten. Denn auch Immanuel Kants kategorischer Imperativ beginnt mit den Worten: „Handle so, dass die Maxime deines Willens jederzeit zugleich als Prinzip einer allgemeinen Gesetzgebung gelten könnte.“[18]

Das war 1785 und könnte aktueller nicht sein. Es ist die philosophisch verschwurbelte Form von „Was du nicht willst ...“ oder „Liebe deinen Nächsten wie dich selbst“[19] oder “Wünsche den Menschen, was du dir selbst wünschst, so wirst du ein Muslim.“ [20]

Es ist, als habe Dunja bei mir persönlich gerade eine Tür aufgestoßen, die mich in die Weite führt. Dabei geht es mir in diesem Moment gar nicht um den Inhalt des Spruches, sondern eher um seinen sogenannten „Sitz im Leben“.

Der Spruch beschreibt die Wertschätzung in einem Satz, ist außerdem uralt und global wirksam und gilt für alle relevanten Themen der Menschheit. Jede menschenzugewandte Organisation, Gesellschaft oder Religion versucht, sich an ihm zu orientieren. Es ist der Leitspruch für viele Menschen, die ihre Umwelt wahrnehmen und etwas verändern oder bewahren wollen.

Der Spruch beschreibt die Wertschätzung in einem Satz, ist außerdem uralt und global wirksam und gilt für alle relevanten Themen der Menschheit. Jede menschenzugewandte Organisation, Gesellschaft oder Religion versucht, sich an ihm zu orientieren.

Das bedeutet ...

a.) ... dass diese Maxime immer noch gilt. Denn ansonsten wäre sie garantiert schon von einer anderen Handlungsanweisung abgelöst worden. Sie hat sich also bewährt.

b.) ... dass es gilt, sie immer noch und immer wieder neu zu füllen und nie aufzuhören, sich über das Thema Gedanken zu machen.

Und da liegt noch viel Arbeit vor uns. Denn dieser schnell gesprochene Leitvers ist zwar richtig, aber zwischen dem Anerkennen einer Wahrheit und der Umsetzung liegt doch ein langer Weg.

Und zwar der von der Theorie in die Praxis. Aktiv werden. Aufstehen gegen die Ungerechtigkeit. Oder etwas kleiner gedacht: Auch auf der anonymen Flughafen-Toilette im Fall der Fälle ruhig mal die Klobürste benutzen. Sieht zwar keiner, ist aber einfach netter für den Nächsten! Die BerufspendlerInnen unter Ihnen werden mich sofort verstehen. Genau an solchen scheinbar banalen (Alltags-)Fragen scheiden sich die Geister. Auch meine.

Denn gerade in den alltäglichen Dingen, die für das Thema Wertschätzung so entscheidend sind, habe ich eine Menge Nachholbedarf. Weil es Mühe macht.

Auch deshalb ist Dunja viel mit Menschen im Gespräch, die anders denken. Weil sie weiterkommen möchte. „Wenn ich mich immer nur mit denen auseinandersetze, die so denken wie ich, dann entwickle ich mich nicht weiter. Ich brauche die Auseinandersetzung, und zwar nicht, weil ich eigentlich weiß, wie das Leben geht und freundlicherweise dem anderen zuhöre. Nein, ich will weiterkommen. Auch als Journalistin. Und wir Journalisten müssen durchlässig sein, dürfen aber nicht nachlässig werden."

In einem Londoner Pub sei ihr letztens wieder einmal bewusst geworden, wie viele Barrieren sie auch selbst noch im Kopf hat. Da saß sie und trank ihr Bier, und um sie herum saßen Menschen aus 20 verschiedenen Nationen. In London ist sie nicht im Traum darauf gekommen, sich zu fragen: „Mensch, ob das alles Einheimische sind? Wo die wohl herkommen?"

Aber in Berlin hätte sie garantiert sofort angefangen zu mutmaßen: „Ach guck, der kommt wahrscheinlich aus Korea. Was will der wohl hier? Urlaub?" Sie schüttelt den Kopf. „Das nervt mich selbst tierisch!"

Ich kann mir gut vorstellen, dass Dunja selbst ihre größte Kritikerin ist. Was ich schon längst wusste und mir unser Gespräch heute noch mal bestätigt: Sie steht nicht in der Gefahr, sich Themen oder Dinge schönzureden oder zu verklären. Sie steht im Fokus der Öffentlichkeit, weil sie deutlich Haltung bezieht. Im Laufe der letzten Jahre hat sich diese Haltung nicht verändert, aber sie hat Spuren hinterlassen. Durch ihr Engagement, aber auch durch die gesellschaftspolitischen Ereignisse.

Ungebrochen ist ihr Wunsch, weiterhin über den eigenen Horizont hinauszuschauen, niemanden überzeugen zu wollen, sondern, wie sie es nennt, ein „Gedankenanstupser" zu bleiben. Und dazu gehört ihre Art, Dinge anzusprechen und sich einzumischen. Deutlich, aber nicht unfair. Und zwar nicht nur im Fernsehstudio oder online, sondern auch beim Kaffeeholen in Berlin.

Vor einiger Zeit war sie in einer Hipster-Kaffee-Bude, als plötzlich eine alte Dame hineinkam. *Schön,* dachte Dunja, *dass so jemand, der nicht zum Stammpublikum gehört, hierherkommt.* Der Mann hinter der Theke sprach allerdings kein Deutsch, und als die alte Dame ihren Kaffee bestellen wollte, wurde der Mann pampig, weil sie kein Englisch konnte.

„Da ist mir tatsächlich der Kragen geplatzt“, erinnert sich Dunja. „Und habe gesagt: ‚Sorry, aber wenn du hier in Deutschland hinter der Theke stehst, kannst du wenigstens etwas Deutsch lernen. Und wenn du das nicht kannst, dann sei bitte zumindest freundlich zu deinen Kunden.‘ Das hat mich echt aufgeregt.“

Unseren Kaffee haben wir beinahe ausgetrunken. Hündin Emma liegt seelenruhig zu Dunjas Füßen. Sie entschleunigt ungemein. Tiere tun das sowieso.

„Ich finde, Wertschätzung ist ein großartiges Thema“, sagt Dunja nochmal. „Ich mag das Wort an sich. Es gibt viele Werte, die es zu schätzen gilt, das ist so facettenreich.“

Genau wie ihr Thema: Dunja sein. Echt sein. Journalistin sein. Für Meinungsfreiheit kämpfen. Verstanden werden wollen und verstehen wollen. Zusammenleben gestalten.

Dass sie als Moderatorin und Mensch eine Verantwortung hat, wurde ihr erstmals bewusst, als sie 2007 Nachrichtenmoderatorin wurde. In diesem Moment wurde ihre Herkunft zum Thema. Das hat sie am allermeisten überrascht. „Ich habe meine Freunde gefragt, ob ich irgendwie anders bin als sie“, meint sie dazu. „Die haben das verneint. Aber mein Migrationsvordergrund wurde mit einem Mal zum Thema.“

Es gibt viele Werte, die es zu schätzen gilt.

Sie sagt bewusst „Vordergrund“. Gefällt mir.

32 Jahre lang hat sie sich ganz normal gefühlt. Außer, dass ihre Familie, im Gegensatz zu denen ihrer Freunde, in den Irak in den Urlaub geflogen ist, war sie eigentlich so wie alle anderen auch.

Doch mit einem Mal spielen ihre Wurzeln eine Rolle. Und mitten in dieser Diskussion erreicht sie ein Brief von einem 15-ährigen Teenager. Der schreibt, dass er sich freut, dass sie den Job bekommen hat. Für Dunja, aber vor allem für sich selbst, weil ihm das zeigt, dass man es auch als Mensch mit Migrationshintergrund (er schreibt nicht Vordergrund) in diesem Land zu etwas bringen kann, wenn man will.

Damals wurde Dunja Hayali klar: *Ob ich will oder nicht; ich trage jetzt Verantwortung*. Und dieser Verantwortung ist sie sich bis heute bewusst.

Wertschätzung statt Shitstorm:

WIE MAN IM NETZ GUTES BEWIRKEN KANN

Angefangen habe ich mit der Aufforderung: „ ... und bitte hinterlasst einen Kommentar im Gästebuch!“

Das war im Jahr 2002, als die Homepage www.timniedernolte.de zum ersten Mal online ging. Monatelang hatte ich auf diesen Moment hingefiebert, Texte geschrieben und Fotos geliefert. Die absoluten Webchecker meiner Heimatstadt Bad Oeynhausen, Bastian Wischmeier und Mathis Gerkensmeyer (letzterer ist auch Teil des Wertschätzungs-Teams), haben damals für einen schmalen Euro meine erste Onlinepräsenz kreiert und in das World Wide Web gestellt.

Ich war stolz. Nun konnte ich mich der Welt präsentieren und erstmals direktes Feedback bekommen. Und die ersten Gästebucheinträge ließen auch nicht lange auf sich warten. Immer, wenn ich irgendwo ein Event moderiert hatte, wurde meine elektronische Pinnwand voller. Es ging gesittet zu in meinem Gästebereich. Lob, Nachfragen, Anregungen, hier und da auch mal eine kritische Anmerkung, erste Autogrammwünsche und etwas Spam – das war's. Mein smoother Einstieg in die digitale Welt und die sozialen Netzwerke.

Anderthalb Jahrzehnte später hat niemand mehr ein Gästebuch auf seiner Seite, höchstens noch eine Verlinkung zu Facebook, Twitter und Co. Facebook hat weit über 30 Millionen Nutzer in Deutschland, Instagram kratzt zum jetzigen Zeitpunkt an der 7 Millionen Marke. YouTube nutzen immerhin 6 Millionen Menschen, und der Messengerdienst WhatsApp ist für 37 Millionen unverzichtbar.[21] „Influencer" bestimmen die Trends, YouTube-Stars das Programm der jüngeren Generation, und alle teilen, kommentieren, zwitschern und liken, was das Zeug hält. Mich eingeschlossen.

Wir lieben das Netz mit all seinen Möglichkeiten – aber hassen uns darin bis aufs Blut. Und glauben Dingen und Geschichten, die von vorne bis hinten erstunken und erlogen sind.

Die Zahlen sind das eine. Und auch wenn ich bei einigen Trends eher zurückhaltend bin und manche Phänomene noch immer nicht richtig nachvollziehen kann: Ich finde die Chancen und Möglichkeiten und Storys und Einblicke und Posts und Likes super. Ein ganz neues Medium, eine neue Welt – und wir alle sind live dabei. Nicht nur als Medienmann und -fan sage ich da: wie geil!

Wenn, ja, wenn da nicht auch diese andere Seite der Social Media-Medaille wäre. Die ebenso allgegenwärtige. Dieser abgrundtiefe Hass! Das virtuelle Lügen und Beschimpfen, das Faken und Verleugnen. Das Mobben und Verachten. Sie wissen, was ich meine, oder?!

Ansonsten schauen Sie mal auf Dunjas Facebookseite und lesen Sie sich mal ein bisschen durch die Kommentare. Bin gespannt, wie lange Sie das durchstehen.

Wir lieben das Netz mit all seinen Möglichkeiten – aber hassen uns darin bis aufs Blut. Und glauben Dingen und Geschichten, die von vorne bis hinten erstunken und erlogen sind.

Nehmen Sie nur mal das Beispiel Anas Modamani. Das ist der junge Mann aus Syrien, der in seinen ersten Wochen als Flüchtling in Deutschland dieses berühmte Selfie mit Bundeskanzlerin Angela Merkel geschossen hat. Erst ging das Foto um die Welt – danach wurde es zuletzt aber immer häufiger auf Facebook für Hetze und Verleumdungen missbraucht. Plötzlich war Modamani nämlich der Attentäter vom Breitscheidplatz oder von Brüssel, ein anderes Mal haben ihn Fotomontagen zu dem Täter gemacht, der einen Obdachlosen samt dessen Habseligkeiten in einem Berliner U-Bahnhof angezündet haben soll.

Das wirft unter anderem die Frage auf, was hinter den Kulissen passiert, im Unsichtbaren. Was treibt Konzerne wie Facebook, Twitter und YouTube denn an, wenn sie uns so generös ihre Plattformen anbieten zum virtuellen Austoben? Alles nur Goodwill und ein bisschen Spaß 2.0 vielleicht? Auch, klar. Aber daran glauben Sie hoffentlich nicht wirklich mehr, oder?

Ich bin da bei bei Axel Hacke (in seinem wunderbaren Werk „Über den Anstand in schwierigen Zeiten und die Frage, wie wir miteinander umgehen", das ich by the way zum unbedingten Lesen empfehle [22]), der genau wie ich nicht verstehen kann, wie Facebook-Gründer Mark Zuckerberg sich einerseits immer wieder als Förderer eines besseren Zusammenlebens präsentiert, aber andererseits nichts dagegen unternimmt, dass genau dieses auf Facebook immer wieder mit Füßen getreten wird.

In Netz-Geschwindigkeiten gemessen hat es doch Ewigkeiten gedauert, bis dieser Silicon Valley-Konzern mit dem kleinen „f" auf blauem Hintergrund zumindest mal damit angefangen hat, den gröbsten rassistischen und menschenverachtenden Müll aus unseren Timelines zu verbannen. Mobben und Morden live – wo bitte sehr ist das denn in irgendeiner Form die schöne bunte Digitalwelt, die unseren Alltag besser machen soll? Nee, sorry, da ist für mich eher Endstation statt World Wide Web. Und dann hat es auch noch bis ins Jahr 2017 gedauert, bis wir in Deutschland ein Gesetz gegen die Hasskriminalität im Netz bekamen.

Mit Recht fragt sich Axel Hacke, ob wir verrückt geworden sind, dass wir das so lange akzeptiert haben. Sicher kann man so etwas auch mit Gesetzen regeln, aber es geht ja vor allem um die persönliche Ebene, um das Verhalten jedes Einzelnen. Und da sind wir dann eben auch individuell gefragt, lieber Rücksicht zu nehmen statt draufzuhauen, erste Impulse zu kontrollieren statt einfach rauszulassen und Wertschätzendes statt harsche Kritik und Abwertung zu posten.

Hackes Befürchtung: Dass uns das alles nicht wirklich wichtig genug ist. „Dass für uns die Selbstinszenierung in den sozialen Medien, das immerwährende Ich-Ich-Ich, das ständige Performen, die dauerhafte Arbeit am eigenen öffentlichen Selbstporträt von größerer Bedeutung sind als die Frage, was die sozialen Medien in dem Bereich anrichten, für den sie doch eigentlich da sein sollten: dem sozialen Leben nämlich?“[23]

Dabei will ich es jetzt belassen. Denn es bringt nichts, den negativen Auswirkungen noch mehr Plattform zu bieten. Es bringt einfach nichts. Im Gegenteil. Ich glaube, dass sich diese Welle der verbalen Zerstörung nicht bekämpfen lässt, indem wir über sie berichten.

Wir müssen die positiven Seiten des digitalen Wandels sehen und betonen. Und die gibt es zum Glück auch oft genug. Hier ein paar Beispiele für wertschätzende Ideen, die im Netz herumschwirren:

1. #BEDFORAWAYFANS

Sie erinnern sich ja sicher noch an den Bombenanschlag auf den Mannschaftsbus des BVB. Anfang April 2017 war das. Das Dortmunder Team fuhr gerade vom Hotel zum Championsleague-Spiel gegen den AS Monaco ins Stadion. Plötzlich explodierten drei Sprengsätze. Ein Spieler wurde dabei schwer verletzt. Und alle zusammen sind nur ganz knapp einer tödlichen Katastrophe entgangen. Das Spiel wurde nach kurzen Überlegungen abgesagt und sollte direkt am nächsten Tag nachgeholt werden.

Da viele Anhänger des AS Monaco ihren Verein natürlich trotzdem unterstützen wollten und wegen der spontanen Verlegung nun dringend Schlafplätze benötigten, initiierten BVB-Fans auf Twitter den Hashtag #bedforawayfans. Darunter boten etliche Nutzer und Dortmund-Anhänger den Monaco-Fans – und auch etlichen BVB-Fans, die nicht aus der näheren Umgebung kamen – Übernachtungsmöglichkeiten an.

Der AS Monaco zeigte sich begeistert über die herzliche Gastfreundschaft über alle Konkurrenzgrenzen hinweg und twitterte „Das ist Fußball" unter eine Foto-Collage:[24]

Eine tolle Aktion. Völkerverständigung 2.0. Dank Social Media hatten viele Monegassen ein Dach über dem Kopf, und ich bin mir sicher, dass so einige Fanfreundschaften dabei entstanden sind.

Und diese aus der Not geborene Idee ließe sich sicherlich noch sehr viel weiterentwickeln. Wie wäre es mit dem Hashtag:

#KaffeeFürsHerz
(Obdachlosen-am-Alex-einen-Kaffee-spendieren)
#AbInsLandDerTraeume
(Kinogutscheine-für-bedürftige-Kinder-spenden-und-verteilen)
#TauscheZeitGegenLebenserfahrung
(Besuche im Altenheim anleiern)

So ein Hashtag macht natürlich nur Sinn, wenn die Dinge auch in die Tat umgesetzt werden.

#TOBEHONEST – EHRLICH SEIN MIT POSITIVEN NACHRICHTEN

Mit „To be honest" wird's deutlich – und positiv. Mit dieser neuen App kann man den eigenen Kontakten nette Nachrichten schicken. Die App ist wie eine Art Quiz aufgebaut. Sie wählt vier zufällige Kontakte aus deinem Adressbuch aus und stellt Fragen wie: „Wer ist am ehrlichsten?" Der oder die Ausgewählte bekommt dann eine Nachricht „Du bist am ehrlichsten!" – allerdings anonym.

Die App ist das Gegenteil vom Cyber-Mobbing, also von der bewussten Verleumdung und Verletzung von Menschen zu verstehen. Das Ganze passiert anonym, aber die Auszeichnungen, die jemand bekommt, werden in der App gespeichert

Die Erklärung der Macher fasst es gut zusammen: *Wir werden die nächsten Meilensteine setzen, indem wir in den sozialen Plattformen über Positives und Liebe nachdenken Wir glauben nämlich, dass genau das allen sozialen Produkten fehlt – und das schon seit den Anfängen des Internets.*[25]

Leider ist die App bisher nur in den USA erhältlich, aber das wird sich hoffentlich bald ändern. Zumal ich kurz nach dem Schreiben dieses Kapitels die Meldung gelesen habe, dass doch tatsächlich Facebook diese aufstrebende App gekauft hat. Etwas unter 100 Millionen Dollar soll Facebook für das Startup mit ganz viel Wertschätzung inside investiert haben.[26]

Na bitte, geht doch! Und falls es mit dem deutschen Markt noch etwas dauert, dann müssen wir eben die Idee weiterverfolgen, die meine Jungs und ich hatten: Eine Selbstwert-APP, die jedem Nutzer täglich eine extra Portion Wertschätzung aufs Smartphone – und dadurch direkt ins Herz schickt. Mitten im Alltag. Erste Gespräche mit Entwicklern haben wir bereits geführt und der aktuelle Erfolg von „tbh" unterstreicht die Relevanz und Möglichkeiten.

Wenn Sie mit der Entwicklung schneller sind als wir: No Problem! Hauptsache, so ein Ding kommt auch in Deutschland auf den Markt.

#MRERBIL

Frauen aufgepasst – *Mr. Erbil* kommt. Dieser exklusive Men's Club postet auf Instagram Fotos von sich selbst. Das ist das Geschäftsmodell. Hipster werfen sich in Schale, veröffentlichen die Fotos und verbreiten damit Hoffnung. Die Jungs wohnen im Norden des Iraks. Mit ihren Posts wollen sie der Welt zeigen, dass es in ihrer Heimat mehr gibt als Krieg und Zerstörung.

Und nicht nur das: Mr. Erbil setzt Trends, indem der Club Frauenrechte stärkt, die Umwelt schützt, zum Lesen von Büchern anregt und kulturelle Events veranstaltet. Das sind richtige Mutmacher.

Erbil ist die Hauptstadt der Autonomen Region Kurdistan im Irak. Im August 2014 kam es zwischen Kurdistan und dem sogenannten Islamischen Staat zum Kampf. Als die Terroristen des IS mit einer Blitzoffensive 40 Kilometer vor Erbil versuchten vorzurücken, schalteten sich die Vereinigten Staaten ein. Dadurch wurde der Vormarsch gestoppt.

Die Lage ist weiterhin angespannt. Kriegsrhetorik hat Einzug gehalten. Der Men's Club will ein Stück Normalität schaffen. Auf stylische Weise.

Einer der Gründer von *Mr. Erbil* ist Ahmed Nauzad. Als Baby kam er mit seiner Familie nach Ludwigshafen und lebte 14 Jahre in Deutschland. Im Jahr 2012, Ahmed machte gerade seinen Schulabschluss und plante, ein Café zu eröffnen, stand der IS plötzlich 20 Kilometer von Erbil entfernt.

„Ich wollte mein Land nicht im Stich lassen, das plötzlich in eine Depression verfiel", erklärt Nauzad seine Entscheidung. Er und seine Freunde hatten einen Plan, sie wollten der bedrückten Stimmung im Land etwas Positives entgegensetzen."[27] Und so zog er 2014 zurück in seine Heimat Erbil und gründete dort zusammen mit seinen zwei Freunden im Februar 2016 den Club. Hier ist der Link: https://www.instagram.com/mr.erbil/

Suchen Sie sich eine Person aus und schicken Sie ihr ein paar ermutigende Worte die von Herzen kommen. Machen Sie sich etwas Mühe. Dann drücken Sie auf „Senden".

Ist das nicht großartig? Und noch viel besser: Es gibt unzählige weitere Beispiele für die sinnvolle Nutzung von Social Media. Und dabei rede ich gar nicht nur von den bombastischen Ideen, für die man ein Feuerwerk an Kreativität oder das nötige Kleingeld zu Entwicklung braucht. Nein, Sie brauchen nur sich selbst und beispielsweise Ihr Smartphone.

Lassen Sie sich ausnahmsweise einmal beim Lesen stören und nehmen sie das Gerät in die Hand. Scrollen Sie durch ihre

Kontakte. Denken Sie über die Personen nach, mit denen Sie in Kontakt stehen. Freunde, Familie, Kollegen, Sportkumpel ... Suchen Sie sich eine Person aus und schicken Sie dieser Person ein paar ermutigende Worte, die von Herzen kommen. Dann werden diese Worte auch zu Herzen gehen. Überlegen Sie ruhig ein paar Augenblicke, was Sie schreiben. Machen Sie sich etwas Mühe. Schreiben Sie nichts von diesem Buch. Dann drücken Sie auf „Senden".

Und dann? Ja, was wohl? Jetzt legen Sie das Handy wieder weg und lesen bitte weiter. Denn es gibt noch viel zu entdecken.

Nuss-Frucht
Mischung

Wertschätzung macht sich bezahlt:
CHRISTIAN RACH UND DER GÖNNFAKTOR

Wir waren bereits gemeinsam auf hoher See. Christian Rach und ich haben uns 2015 während der Dreharbeiten für eine ZDF-Dokumentation kennengelernt, bei der wir mit indonesischen Fischern auf Thunfischfang gingen.

Ich freue mich auf das Wiedersehen am Hamburger Hafen. Dort hat der bekannte Sterne-Koch und Fernsehmacher seine Büroräume. Herdplatten und Kochutensilien sucht man vergeblich. Nicht verwunderlich, denn Christian Rach lässt sich ungern festlegen und überrascht dadurch immer wieder.

„Welcome, Mister ZDF!" – mit diesen Worten begrüßt mich Christian, als er die Tür öffnet. Zu Beginn des Gesprächs schmeiße ich erstmal eine Packung Nüsschen auf den Tisch. Mein Revanchegeschenk. Denn damals, auf dem indonesischen Kutter, hat Christian Rach seine Ration brüderlich mit mir geteilt.

Wertschätzung im Kleinen.

Sein Studium der Philosophie und Mathematik hat er dagegen nicht bis zum Ende wertgeschätzt. Kurz vor den letzten Prüfungen schmiss er es hin, um eine Lehre als Koch zu beginnen.

Der Auslöser dafür war ein Abendessen mit einer tollen Frau im besten Hamburger Restaurant.

„Ich verstand schon damals etwas vom Kochen, weil ich mir damit mein Studium finanziert habe“, erinnert sich Christian. „Ich merkte aber, dass meine Kochfähigkeiten doch arg begrenzt waren im Vergleich zu dem, was ich an dem Abend mit dem Mädel aufgetischt bekam. Ich hatte hundertzehn Mark in der Tasche, was damals unglaublich viel Geld war für ein Abendessen zu zweit. Aber das Essen war so großartig, also habe ich weiter bestellt und bestellt und dann hat das Geld nicht gereicht.“

Er hat das „Mädel“ im Restaurant sitzenlassen, ist mit der U-Bahn nach Hause gefahren, um sich in seiner WG Geld zu leihen. Dann ging es zurück, die Dame auslösen. Aber der Knackpunkt des Abends war die Unendlichkeit auf dem Teller. Das „Gaumenfunkeln“, wie Christian es nennt.

Dieses Erlebnis war die Initialzündung zu der Erkenntnis, dass Kochen sein Ding ist. Und er hat es mit Bravour durchgezogen, trotz der harten Ausbildung. Sechs Tage Woche, 16 Stunden Arbeit pro Tag.

Bereut hat Christian seine Entscheidung nicht. Und er denkt auch nicht darüber nach, was passiert wäre, wenn er sich damals anders entschieden hätte.

„Das bringt mich nicht weiter. Ich bewerte Situationen durchaus, aber nie nach dem Motto ‚Was wäre, wenn?‘ In Bezug auf die Vergangenheit und auch im Hinblick auf die Zukunft halte ich diese Art von Denken für falsch, weil diese Haltung oft lähmt. Die Frage ‚Was wäre wenn‘ schürt Ängste, die oft unbegründet sind. Ich kann zurückliegende Situationen nicht mehr ändern, ich kann Dinge nur jetzt aktiv in die Hand nehmen und selbst etwas tun.“

Ich fühle mich gerade schon wieder nach Indonesien zurückversetzt. Christian und ich, vor unserer Hütte. Nur wir beide. Die ersten beiden Tage haben wir höflich miteinander gequatscht, uns ein bisschen beschnuppert, aber mehr auch nicht. Mit Miriam Pielhau und Magdalena Brzeska war das anders, wir hatten direkt einen super Draht zueinander.

Aber wenn man das einfachste Quartier teilt, in dem man je übernachtet hat, dann schweißt das zusammen. Ich weiß noch, wie Christian und ich am zweiten Tag nach Feierabend beim Warten aufs Abendessen vor unserer Hütte saßen. Schweigend, nebeneinander, jeder für sich hat die Hühner beobachtet, die unter der Wäscheleine nach Nahrung suchten.

Und plötzlich, aus dem Nichts, erzählt Christian von sich und aus seinem Leben. Persönlich, privat, auf den Punkt. Und seitdem habe ich ihn in mein Herz geschlossen. Und er mich. Wir sind uns in manchem ähnlich. Situationen, die ich nicht mehr beeinflussen kann, spiele ich auch nicht mehr durch. Wenn der Zug abgefahren ist oder eine Sachlage auf dem Tisch liegt, dann denke ich eher: *Okay, das ist die Situation. Es bringt nichts, wenn ich mit meinem Schicksal hadere, sondern ich muss versuchen, aus der Situation das Beste zu machen und in Lösungen zu denken.*

In dem Zusammenhang hat Christian mir in Indonesien eine unfassbare Geschichte erzählt, die er als junger Koch in Thailand erlebt hat. Und die ist es wert, noch einmal erzählt zu werden, denn sie beschreibt perfekt, wie dieser „In Lösungen denken"-Ansatz mit dem Thema Wertschätzung harmoniert.

Alles begann mit einer Einladung des thailändischen Industrieverbands. Christian sollte in Bangkok für eine richtig große Veranstaltung mit Teilen der Königsfamilie, den Wirtschaftsbossen und dem thailändischen Militär kochen. Mehr Prominenz geht fast nicht; die Königsfamilie ist heilig, das Militär hat trotz demokratischer Regierung faktisch die Macht.

Dass gerade Christian eingeladen wurde, war kein Zufall. Er hatte schon damals mit seinem Restaurant *Tafelhaus* in Hamburg für Furore gesorgt und war der Erste von sechs deutschen Köchen, die in Bangkok kochen durften. Später erfuhr er, dass diese Reihenfolge etwas täuschte, denn eigentlich war er, trotz des Restauranterfolges, der Geringste der sechs Köche. Die anderen hatten ihn nur vorgeschickt, um zu überprüfen, ob das da machbar ist oder ob man sich die Finger verbrennt. Wenn der junge Rach dort verheizt werde, wäre das nicht so schlimm, dachten sie.

„Ich wurde zwei Tage vor der Veranstaltung mit hohen Ehren am Flughafen empfangen und zum höchsten Wolkenkratzer von Bangkok kutschiert“, erzählte er. Dort fand die Veranstaltung statt.

„In der Küche war ein unfassbares Gewusel. Ich war drei Köpfe größer als die gesamte Crew, die fast nur aus Chinesen bestand. Es war unglaublich heiß da drinnen. Bangkok ist ja sowieso immer schwül und stickig, und in der Küche war es fast nicht auszuhalten. Auch bezeichnend: Nach außen hin hatte der ganze Bau eine millionenschwere Ausstattung, aber in der Küche gab es keine Klimaanlage.“

Die Mitarbeiter musterten ihn kritisch und er konnte praktisch ihre Gedanken lesen: *Was will die Langnase hier?* Sie waren sehr distanziert und überhaupt nicht offen für den Fremden aus Deutschland, denn sie erwarteten, dass der ihnen sofort sagte, wo es langgeht.

Neben Christian standen der Direktor und der Gastgeber der Veranstaltung. „Herr Rach, was brauchen Sie jetzt noch?“, fragten sie nervös.

Da er nur zwei Tage Zeit hatte, um dieses Riesending zu wuppen, dachten die, dass er direkt loslegt. Das habe ich ehrlich gesagt auch angenommen, als Christian mir die Geschichte erzählte.

Aber Christian dachte überhaupt nicht daran, denn er hatte sofort gemerkt, worauf er sich erstmal konzentrieren musste: die Mitarbeiter. Denn wenn er die nicht auf seiner Seite hatte, war er absolut verloren. Also sagte er: „Alles wunderbar, ich kümmere mich mit den Mädels und Jungs um alles, lassen Sie mich nur machen.“

„Faktisch habe ich den ganzen ersten Tag kein Stück gekocht oder vorbereitet", fährt er fort. „Als Erstes bin ich mit den gesamten Mitarbeitern der Küche in die Personalkantine gegangen, habe mit ihnen ihr selbstgemachtes *Chinese Food* gegessen und bestaunt. Ich habe sie gefragt, ob sie mir erklären können, wie sie das gemacht haben, und ihnen gesagt, wie toll es schmeckt."

> Aber Christian dachte überhaupt nicht daran, denn er hatte sofort gemerkt, worauf er sich erstmal konzentrieren musste: die Mitarbeiter. Denn wenn er die nicht auf seiner Seite hatte, war er verloren.

Nach und nach merken die Mitarbeiter: „Hoppla, der spielt ja gar nicht den großen Max, sondern der kommt in demütiger Haltung und bringt uns Respekt entgegen." Und so haben sie ihm nach und nach alles erklärt und waren stolz darauf, dass sie einem Europäer zeigen konnten, was sie draufhaben.

Nur die Gastgeber wurden langsam immer nervöser, weil sie dachten, Christian verliere sich in der Kommunikation mit der Crew. Christian selbst war total entspannt. Er wusste, dass er es nur schaffen kann, wenn diese 40 Leute voll auf seiner Seite sind.

Als er am nächsten Morgen in die Küche kam, hatte die Crew schon fast alles vorbereitet Er hat ihnen seinen Plan erklärt, und die Mitarbeiter haben sich für ihn förmlich zerrissen.

Seine Augen leuchten, während er davon erzählt: „Wir sind gemeinsam durchs Feuer gegangen. Es war unglaublich! Ich habe die Crew immer mit reingenommen und zwischendurch kosten lassen, um weiterhin zu zeigen: ‚Ihr seid dabei! Ohne euch können wir das Spiel heute nicht gewinnen.' Dann war es endlich soweit: Das ganze Event fand in zwei unterschiedlichen Bereichen statt. In einem Raum wurden die Königsfamilie und die oberen Militärs bedient, im anderen Raum saßen die hochdekorierten Wirtschaftsbosse, die, je nach internem Rang, gern Weinflaschen im Wert von 2.000 bis zu 18.000 Dollar bestellt haben."

Jetzt steht Christian auf und erzählt weiter. Obwohl ich die Geschichte schon kenne, bin ich völlig gebannt.

„Es wurde auch immer doppelt bedient: erster Gang für die Königsfamilie und Militär, dann etwas später der erste Gang für den Industrieverband, und so weiter. Als ich aus der Küche schaute, wurde mir erst klar, wie krass das Ständedenken in Thailand ist: Die Königsfamilie und das Militär wurde auf Knien bedient."

Christian geht in die Knie und demonstriert die Demutshaltung.

„Die Kellner haben die Teller genommen, sind vor der Königsfamilie auf die Knie gegangen und haben die Teller in dieser Haltung serviert, damit sie nicht größer sind als die sitzenden Ehrengäste. Und es gab natürlich auch lauter unvorhergesehene Störungen.

Ein Beispiel: Plötzlich geht die Tür auf und vierzig thailändische Geheimpolizisten in dunklen Anzügen und schwarzen Sonnenbrillen kommen rein, rechts und links die Colts im Anschlag. Wie in den Agentenfilmen standen die da, ohne eine

Miene zu verziehen. Mein Team hat einfach weitergemacht. Ich wäre so gnadenlos abgesoffen, hätte ich nicht diesen Tag davor auf Augenhöhe mit ihnen verbracht.“

Die Lorbeeren sollte trotzdem er ernten, denn er wurde vor die Ehrengäste zitiert. Aber so geht das nicht mit Christian Rach. Er hat seine gesamte Crew vor allen Gästen gelobt.

Was für eine geile Geschichte, die auf hohem Niveau zeigt, dass Wertschätzung keine Einbahnstraße ist. Mich hat diese Story natürlich total umgehauen. Und sie ist auch kein Einzelfall, sondern nur ein Beispiel für eine innere Haltung, die Christian Rach ausmacht. Ich kannte ihn vorher nur aus dem Fernsehen als „Rach, den Restaurant-Tester". Doch obwohl wir uns zu Beginn der Reise nach Indonesien noch nicht wirklich kannten, hat er mich schon beeindruckt.

Ich wäre so gnadenlos abgesoffen, hätte ich nicht diesen Tag davor auf Augenhöhe mit ihnen verbracht.

Kurz vorm Boarden des Flugs hat er sich direkt für mich eingesetzt und für mich mit aufgeregt: Wie es denn sein könne, dass ich der Einzige der vier Protagonisten sei, der nicht in der Businessclass die 20-Stunden-Reise antreten darf. Wo sei denn da der Team-Gedanke, die Wertschätzung?

Heute weiß ich: Christian Rach ist ein Typ mit Ecken und Kanten. Und er hat ein Herz aus Gold. Fernsehen hat er nie gemacht, um Ruhm und Ehre anzuhäufen. Er hat zwar viele Preise gewonnen, ich habe sie gerade eben in seinem Büro bewundert, aber solche Dinge bedeuten ihm nicht viel.

Was die Zuschauer an Formaten wie „Rach, der Restauranttester" schätzen, ist, dass er die Zuschauer und die Protagonisten ernst nimmt. Er hält sich einfach nicht an ein vorgefertigtes Drehbuch und stellt keine Situationen.

„Ich habe den Leuten, die sich bei mir beworben haben, immer gesagt, dass ich großen Respekt davor habe, dass sie den Mut haben, sich vor einem Millionenpublikum zu öffnen", sagt er dazu. „Wenn ich das ausnutzen würde und in der Sendung vielleicht auf eine nicht so gute Entscheidung noch draufhaue, dann produziere ich vielleicht ein paar Schenkelklopfer nach dem Motto ‚Hahaha, dieser Trottel da', bediene aber letztlich nur den Voyeurismus. Mir geht es aber um den Gönnfaktor. Und wenn es mir nicht gelingt, dass der Zuschauer mitleidet und meinen Teilnehmern den Erfolg gönnt, habe ich überhaupt keine Chance. Der Respekt vor dem Miteinander und meinem Gegenüber, das ist meine Triebfeder, und nicht die möglichst krassen Szenen."

Und dann unterstreicht er seine Worte nochmal: „Der Gönnfaktor ist das Entscheidende. Der Zuschauer muss dem, dem ich helfe, was gönnen."

Anstatt mit dem „Gönnfaktor" ist die Branche, in der sich Christian und ich bewegen, jedoch eher mit Missgunst und Kritik getränkt. Ich habe überhaupt nichts gegen Kritik, finde aber, dass zumeist das Gleichgewicht zwischen Lob und Kritik nicht stimmt.

Der Gönnfaktor ist das Entscheidende. Der Zuschauer muss dem, dem ich helfe, was gönnen.

Christian Rachs Formate sind erfolgreich, aber nicht unumstritten. Er weiß, wie es ist, wenn man kritisiert wird. Und er kritisiert auch selbst. Eigentlich hat er sogar eine Show kreiert, die sich mit Kritik auseinandersetzt. Mit Restaurantkritik. Bei „Rach Undercover" geht er Onlinekritiken von Restaurants auf den Grund und schaut, ob die auch berechtigt sind.

Und im Gespräch geht er der Kritik an sich auf den Grund. „Kritik besteht ja immer aus zwei Seiten", sagt er. „Einer kritisiert und ein anderer wird kritisiert. Allerdings ist Kritik keine Einbahnstraße, finde ich. Also, derjenige, der kritisiert, darf auch kritisiert werden. Da wird es dann oft spannend, denn die

Kritikfähigkeit des Kritikers ist meistens nicht so gegeben. Gerade im Internet herrschen ganz schwierige Verhältnisse, denn echte und ehrliche Kritik ist mit einem Namen und einem Adressaten verbunden. Von irgendeinem Online-User namens *rosagrün98* kann man keine fundierte Kritik annehmen."

Christian Rach hat bei der Recherche für die Sendungen gemerkt: Viele Gastronomen verstecken sich auch hinter der Aussage, Onlinekritik würden sie nicht ernstnehmen. Doch das ist auch zu kurz gedacht – auch Onlinekritik kann zutreffend sein. Es erwies sich als extrem schwierig für Christian und sein Team, anonyme Online-Kritiker dazu zu bringen, sich für die Sendung zu erkennen zu geben. Mal eben etwas anonym zu kritisieren ist halt etwas ganz Anderes, als dann persönlich Farbe zu bekennen. Ein unglaublicher Aufwand musste betrieben werden, den man im normalen Restaurantbetrieb gar nicht leisten kann.

Mal eben etwas anonym zu kritisieren ist halt etwas ganz Anderes, als dann persönlich Farbe zu bekennen.

„Rach Undercover" lief sofort sehr erfolgreich an. Das Format hatte nicht nur beim gemein interessierten Zuschauer, sondern auch in der Gastronomie eine große Resonanz.

Grundsätzlich sind ja Fernsehsendungen über Kochen oder Essen sehr beliebt. Es wird allerorten gekocht, getestet und berichtet. Ich selbst habe noch nicht im Fernsehen gekocht, aber immerhin habe ich schon mal bei einer *logo!*-Sondersendung, in der wir live aus Berlin über die Bundestagswahl 2013 berichtet haben, ein Tortendiagramm präsentiert. Es bestand aus richtigen, echten Tortenstücken. Leider waren die einzelnen Tortenstücke nicht ganz passend zugeschnitten, so dass ich, unter großem Raunen im Studio, die einzelnen Teile per Handarbeit in die richtige Form gepresst habe. Die Tortendiagramme haben gut geschmeckt.

Also, Essen ist in vielen Formen in den Medien präsent. Und trotzdem ist beim Verbraucher letztlich nur wenig von der Wertschätzung gegenüber dem Essen zu spüren. „Warum eigentlich?“, frage ich Christian Rach.

Er ist sich sicher: „Wir leiden an ‚Testeritis‘. Es gibt ja eine wahre Flut an Testsendungen, in denen jede Kartoffel extra auf Herz und Nieren geprüft wird. Die Leute haben es einfach satt ... Ich möchte gar nicht wissen, ob diese Scheibe Chips vielleicht noch ein bisschen krosser oder besser ist als die andere. Das ist wahnsinnig deutsch, und es ist zu viel. Alles wird kritisch betrachtet und seziert. Wir rennen eigentlich nur noch mit erhobenem Zeigefinger durchs Leben. Und wir Deutschen geben maximal zehn Prozent unseres Einkommens für Lebens- und Genussmittel aus. Bei den Franzosen ist es ein Drittel! Dafür erlebt Deutschland einen unglaublichen Boom im Bereich der Luxusküchen. Und das ist natürlich fatal.“

Ich möchte gar nicht wissen, ob diese Scheibe Chips vielleicht noch ein bisschen krosser oder besser ist als die andere. Das ist wahnsinnig deutsch, und es ist zu viel. Alles wird kritisch betrachtet und seziert. Wir rennen eigentlich nur noch mit erhobenem Zeigefinger durchs Leben.

Christian betont übrigens, dass es nicht unbedingt so sein muss, dass ein teurer Einkauf auch besser ist. Denn heutzutage werden dank schlauem Marketing auch ungesunde und minderwertige Lebensmittel teuer verkauft.

Christians Mission ist die Wertschätzung für gute Nahrungsmittel. „Wir haben uns zu einem Land der Filetfresser entwickelt“, sagt er. „Wir wollen nur noch die edlen Teile, und dafür bringen wir Tiere um und lassen den Rest vergammeln. Auch da fehlt es an Demut und Respekt dem Produkt gegenüber. Es ist eine ganz entscheidende Formel in meinem Leben, dass ich bewusst einkaufe und die Dinge bewusst möglichst effektiv verwerte."

Den Vorwurf, dass sich nur Besserverdienende ordentliches und nachhaltiges Essen leisten können, kann Christian so nicht stehen lassen. Seiner Meinung nach gehört zu einem bewussten Umgang mit Essen in erster Linie nicht Geld, sondern Wissen. „Meine Tochter hatte schon in der sechsten Klasse Wahrscheinlichkeitsrechnung, aber sie hat noch nie gehört, wie ein Kartoffelknödel geht. Was ist wichtiger? Unwissen ist oft eher eine Frage der Bequemlichkeit als des sozialen Standes. Denn egal ob Single, Reicher, Großfamilie, Rentner: bei vielen herrscht eine Jammermentalität. Wertschätzung ist da ein Fremdwort!"

Genau mein Ansatzpunkt: Menschen aus einer passiven negativen Haltung wegbringen und zu aktivieren.

Und da hat Christian auch einen grundsätzlichen Tipp: „Komm nicht belehrend rüber, denn auf erhobene Zeigefinger reagieren Menschen automatisch allergisch. Es geht darum, Begeisterung zu schaffen. Verbote und Belehrungen sind ja wenig hilfreich. Und nicht immer muss das oberste Ziel die Optimierung von etwas sein."

Die Tüte mit den Nüssen ist fast leer. Und mein Kopf ist voll. Das war wieder eine wertvolle Begegnung mit Christian, und ich hoffe, dass noch viele folgen werden. In Hamburg, in Indonesien, im Fernsehen oder beim Einkaufen.

Der Duft der Wertschätzung:

EIN COCKTAIL, DER ES IN SICH HAT

Es ist Samstagnachmittag, kurz vor 15 Uhr. In knapp 30 Minuten wird der Bundesligaball rollen. Als Sky-Reporter beginnt genau jetzt meine Hauptarbeitszeit. Der Vorlauf zum Spiel. Sakko an, verkabeln, Mikro in die Hand – und schon steht der Trainer der Heimmannschaft neben mir.

„Das war eine schöne Zeit“, denke ich etwas nostalgisch und nippe an meinem Kaffee. Ich stehe nämlich schon seit Jahren nicht mehr mit dem Mikro in den Fußballtempeln der Nation, sondern sitze aktuell im Ritz-Carlton-Hotel am Potsdamer Platz und warte.

Angespannt bin ich aber genauso wie beim Vorlauf des Bundesligaspieltages. Denn heute schließt sich der Kreis. Und das macht mich sogar richtig nervös. Ein bisschen Zeit bleibt noch, bis die Jungs kommen, und deshalb kann ich etwas ausholen.

Ich gehe zurück zum Jahreswechsel 2011/2012. Damals habe ich mir eine Auszeit gegönnt. Down Under. An den australischen Stränden habe ich mir den Kopf freipusten lassen. Denn ich wollte etwas ändern. Zuallererst beruflich. Ich habe die Relevanz in meinem Job vermisst. Und damit auch meinen Beitrag zur Gesellschaft an sich. Klingt komisch. War aber so: Ich war nicht zufrieden. Auch am anderen Ende der Welt verfolgte mich die Satzhülse „Eigentlich müsste man mal ….“ wie ein zweiter Schatten, den ich schon im heimischen Berlin vergeblich loszuwerden versuchte.

Ich konnte damals nicht genau greifen, was sich in meinem Leben ändern musste, aber DASS es eine Veränderung geben würde, war sicher. Und dass es etwas mit meinem Beruf und gleichzeitig meiner Leidenschaft zu tun haben würde, ebenfalls. Ich war und bin mit Leib und Seele Moderator und Kommunikator. Aber es wurde Zeit, um Platz zu machen für etwas Neues. Also versprach ich mir und den pazifischen Wellen eine Veränderung.

Zurück in Deutschland habe ich dann zweierlei gemacht:

a) Den Job bei Sky aufgegeben. Allerdings nicht nur aus Relevanzgründen, sondern weil ich auch das Gefühl hatte, nicht die Aufstiegsmöglichkeiten zu haben, die ich mir erhoffte. Trotzdem: Es war ein sicherer Job und meinen neuen Dreijahresvertrag nicht zu unterschreiben war ein Risiko. Nicht viele Menschen schmeißen so eine Tätigkeit von sich aus hin. Das haben mir viele Kollegen bestätigt. Einige mit einem Unterton der Missbilligung, andere mit einem bewundernden Schulterklopfen.
b) Vier Typen zusammengetrommelt. Denn ich wusste: Allein werde ich meinen Weg zu mehr gesellschaftlicher Relevanz nicht finden. Neben mir ließen sich Torsten Hebel, Philipp Niedernolte (einer meiner drei Brüder), Mathis Gerkensmeyer und der Journalist und Theologe Daniel Schneider aus der stressigen Lethargie des Alltags reißen.

Und so entsteht aus dem langweiligen Soloprogramm „Eigentlich müsste man mal“ ein Stück für fünf Personen unter dem Arbeitstitel „Quintett der Wertschätzung“. Denn so unterschiedlich unsere Lebensläufe sind und so verschieden die Branchen, in denen wir arbeiten, so viele Gemeinsamkeiten entdecken wir in unserem Wunsch danach, Wertschätzung in allen Bereichen des Lebens wieder salonfähig zu machen.

Wir treffen uns immer wieder. Und wieder. Mailen, skypen und streiten. Lachen, brainstormen und fighten. Werfen Ideen in den Papierkorb, holen sie wieder heraus. Doch eine Sache entwickelt sich ständig weiter und wird zu unserem Kern: Wir sind im Namen der Wertschätzung unterwegs!

Aufgrund von verschiedenen Lebenssituationen und beruflichen Wendungen kristallisiert sich heraus, dass ich als Ideen- und Impulsgeber auch derjenige bin, der das erste gebündelte Produkt maßgeblich prägt; dieses Buch! Mit mir als Person, mit meiner Geschichte, aber immer mit dem Spirit des Fünferteams aus Linz.

Und nun, knapp fünf Jahre später, werden wir fünf wieder zusammenkommen. In Berlin. Ich habe mir etwas ausgedacht. Denn als wir uns erstmals in Linz getroffen und den Konferenzraum des Hotels eingenommen hatten, haben wir uns in einer langen und ausführlichen Runde erstmal gegenseitig gesagt, was wir aneinander schätzen. Diese Runde hatte uns alle geflasht. Es wurde so viel positive Energie freigesetzt und wir haben gespürt, wie gut es tut, einfach so wertgeschätzt zu werden.

Dann haben wir angefangen, Ideen zu entwickeln. Von einigen haben Sie ja schon gelesen. Mein Favorit, neben zwei TV-Formatideen, die fertig in meiner Schublade liegen und nur auf den richtigen Produzenten und Zeitpunkt warten: *„Die geschenkte Stunde“ / „Wer hat an der Uhr gedreht?“* Unsere Idee:

Eine Aktion entwickeln, die bei Uhrumstellung einmal im Jahr die geschenkte Stunde kreativ nutzt, um aus diesem Zeitgewinn Mehrwert zu schaffen. Sprich: große und kleine Unternehmen dazu kriegen, den Gewinn aus dieser einen Stunde zu spenden – und so soziale Projekte etc. zu unterstützen. Sei es durch eine Stunde Arbeitskraft oder durch den Stundenlohn.

Oder: die Zeit praktisch nutzen – rund um dieses Wochenende Menschen, Unternehmen und Co dazu bewegen, diese eine „geschenkte" Stunde weiterzuverschenken: an Menschen, die Hilfe nötig haben, an Projekte die Unterstützung brauchen, an Orte in der Nachbarschaft, die mal wieder aufgeräumt werden müssten ...

Während des Wochenendes haben wir uns natürlich nicht ständig im Gutmenschentum gewälzt: Nein, wir haben auch an der Bar gesessen, gut gegessen, getrunken und gequatscht.

Und das alles soll das heutige Überraschungsevent für die Jungs verbinden: Etwas, das kommunikativ, überraschend, individuell und wertschätzend zugleich ist. Und bei dem am Ende außerdem noch etwas entsteht, das diesen Abend überdauert. Und auf eine ganz andere Art und Weise wunderbar zu diesem Buch und dem großen Thema passt.

Darauf gekommen bin ich, als ich einen guten Freund eher beiläufig nach einer Idee für die passende Location gefragt habe. Seine Antwort kam so direkt und ohne Kompromisse, dass ich gar keine andere Wahl hatte: „Mach das doch bei uns. Also, bei meinen Ex-Kollegen im Ritz. Ich organisiere alles für dich, du musst nur sagen, was für ein Event es werden soll."

Das war doch eine unwiderstehliche Ansage, oder? Kurze Zeit und ein paar Mails später saß ich bereits mit Björn Lorenzen, dem *Food & Beverage Sales Manager*, in der Lobby des Ritz Carlton und wir haben angefangen zu kreieren: Ideen, Wünsche, Möglichkeiten und Wertschätzung zu mixen, um dann mal zu gucken, wo wir landen.

Gelandet sind wir also hier. Mitten in Berlin. Mein Kaffee ist inzwischen längst ausgetrunken und auch die Bundesligaspiele dieses Nachmittags sind alle abgepfiffen. Es ist 17.45 Uhr, es geht los! Habe ich schon erwähnt, dass ich aufgeregt bin?

Philipp und Mathis kommen direkt aus dem Flieger, Daniel ist mit dem Zug angereist. Die Jungs wissen von nichts und machen erst mal große Augen, als sie in die Bar „Fragrances" geführt werden, die wir an diesem Abend exklusiv für uns haben. Allerdings sind wir nicht komplett. Torsten fehlt. Leider. Der hat einen Kabarettauftritt. Wir setzen uns an den festlich gedeckten Tisch. Leise Musik spielt im Hintergrund. Eine großartige Atmosphäre.

Durch den Abend führt diesmal nicht der Moderator Tim Niedernolte, sondern Arnd Hennig Heissen, der Barchef des Ritz. Wobei es Barchef allein nicht trifft: Der Mann ist mehrfach ausgezeichnet (unter anderem als „Mixologe des Jahres"), und seine Bar hat einen Tag vor unserem Event den Preis als „Beste Bar Deutschlands" abgeräumt.

Und mit dieser Bar hat er ein einzigartiges Konzept etabliert: Die Cocktailkarte besteht aus einer Auswahl edler Parfüms, an denen man schnuppern kann. Handverlesene Düfte von namhaften Marken. Die Zutaten der Düfte, die dem Gast gefallen, werden zu einem Cocktail gemixt, der dann genauso schmeckt, wie der Duft riecht.

Und nicht nur das: Die Gäste können auch ihre eigenen Düfte mitbringen, Arnd analysiert die Aromen, wählt Säfte, Sirup und Alkoholika mit ähnlichen Aromen und mixt daraus dann den absolut persönlichen Cocktail. Auch für uns. Ich habe mir heimlich die Namen der Lieblingsdüfte meiner Mitstreiter besorgt und an Arnd weitergegeben, ergänzt mit ein paar individuellen Notizen zu jedem einzelnen. Er hat sie analysiert und aus den Düften vier Cocktails kreiert.

Arnd Heissen erzählt uns anhand der verschiedenen Zutaten, die in unseren Parfums und auch in den Cocktails stecken, eine Menge über uns als Typen.

„Es geht um Empathie", sagt er. „Ich kann mich durch eure Duftauswahl in euch hineinversetzen. Ihr könnt euch sicher sein: Jeder Duft hat eine unterschwellige Aussage. Wir benutzen Parfums als Ersatz für unseren Körpergeruch."

Ich bin hellauf begeistert und gratuliere mir heimlich selbst, denn ich merke schon nach wenigen Minuten, dass ich den Nerv meiner Mitwertschätzer voll getroffen habe. Um die Brillanz, Relevanz und Wertschätzung dieses Augenblicks halbwegs angemessen rüberzubringen, beschreibe ich in Kurzform und exemplarisch die Highlights der vier Parfums plus Eigenschaften plus Cocktailzutaten.

Weil ich möchte, dass diese Herren in dem Buch ihren angemessenen Platz bekommen. Denn sie sind meine Begleiter, Freunde und Typen, ohne die ich die Mission Wertschätzung womöglich schon längst an den Nagel gehängt hätte.

Außerdem werden Sie uns dadurch ein Stück besser kennenlernen und – ganz wichtig – das Highlight, die besondere Duftnote der Wertschätzung, kommt dabei besser rüber.

Die Drinks folgen den Gesetzen der Aromatherapie. Jeder Duft hat eine Wirkung: „Ich kann nicht in euch hineinschauen, aber ich kann euch anhand eurer Düfte spiegeln, welche Eigenschaften und Talente ihr habt, was euch wichtig ist und was ihr an anderen Personen wertschätzt." So lautete der Einstiegssatz von Arnd.

Okay. Dann sind wir mal gespannt!

Als erster ist Philipp an der Reihe – mein Bruder. Sein Parfum: *Boss Bottled*. Der Drink wird serviert. In einer grünen Flasche. Wir stoßen an. Es schmeckt fruchtig, ein bisschen nach Pflaume. Drin steckt: Bergamotte (Zitruspflanze) – Philipp mag es entspannt. Pflaume – seine sinnliche Seite. Zitrone – bringt den Frischekick. Nelke – gibt positive Gedanken. Zimt – gibt Energie. Geranien – sehr empathisch, kann gut anderen Menschen zuhören und mitfühlen. Olive – friedliebend und harmoniebedürftig. Weshalb die Taube als Symbol für Frieden auf vielen Bildern auch einen Olivenzweig im Schnabel hat.

Arnd fügt hinzu, dass nach schlimmen Nachrichten, wie zum Beispiel dem Anschlag auf den Breitscheidplatz, viele Menschen in seiner Bar Oliven bestellt haben. Vermutlich unterbewusst, aber nachweisbar.

Sandelholz – Philipp ist ein Zuhause-Typ. Vanille – Er braucht die Ausgeglichenheit im Leben. Vetiver (Süßgras) – das steht für Struktur und Ordnung. Zedernholz – Sicherheit ist ihm wichtig. Außerdem schätzt er es, wenn Menschen ihn verstehen und ihm zuhören. Wir sind einigermaßen sprachlos. Denn in vielen Dingen erkennen wir Philipp wieder. Und er sich selbst auch. Wir nehmen noch einen Schluck und Arnd erzählt, wie existenziell Düfte sind.

„Wenn man ein Parfum geschenkt bekommt, kann man Rückschlüsse daraus ziehen, was die Person von einem erwartet. Man sollte sich seinen Duft selbst aussuchen." Oder: „Wenn Vertrauen fehlt, dann verändert sich der Geruch des

Menschen. Menschen, für die Vertrauen sehr wichtig ist, oder denen Vertrauen fehlt, werden mit ziemlicher Sicherheit einen Moschus-Duft wählen. Denkt mal an einen Menschen, der auf der Straße lebt und sich länger nicht gewaschen hat … der riecht ja sehr intensiv. Viele sagen dann, der stinkt. Empfindet man vielleicht auch so. Aber die Basis genau dieses Geruchs sagt aus, dass diesem Menschen Vertrauen fehlt. Übrigens: Wenn man gerade aus einer gescheiterten Beziehung kommt, dann mag man meist den Duft von Himbeeren."

Laut Arnd haben auch die Städte unterschiedliche Gerüche. Hamburg riecht nach Moschus und Bergamotte – Vertrauen und Entspannung. Frankfurt eher nach Vetiver – Struktur und Ordnung. Und Berlin riecht nach Patschuli, ein Lippenblütengewächs, das für Natürlichkeit und Ehrlichkeit steht.

Aber weiter im Cocktail-Marathon. Daniel ist an der Reihe – mein Cousin und bester Freund, und außerdem Mit-Schreiber dieses Buchs. Sein Parfum: *Nikos Sculpture Homme.*

Einige Zutaten sind die gleichen wie bei Philipp. Bergamotte zum Beispiel, Zitrone oder Geranie. Aber der Herr hat auch einige Besonderheiten zu bieten: Geranie und Rose zum Beispiel. Eine explosive Mischung, denn neben der Empathie bedeutet es, dass man zutiefst verstanden werden will. Andererseits will diese Person aber auch nicht gleich zu viel von sich preisgeben, weshalb es lange dauert, bis man ihn/sie wirklich kennenlernt – man muss es schon sehr wollen. Laut Parfum ist dieser Typ kreativ und stolz. Und die Zutat Benzoe (ein besonderes Baumharz) lässt erahnen, dass er eher Ecken und Kanten mag als das Geschliffene und Perfekte.

Krass – auch Daniel ist ziemlich gut getroffen. Darauf einen Schluck vom wieder sehr fruchtig schmeckenden Cocktail, der ziemlich genau auch meinen Geschmack trifft.

Es sind keine Horoskopwahrheiten, keine Allgemeinplätze, die Arnd da von sich gibt, sondern seine Analysen passen ziemlich genau ins Bild. Auf der anderen Seite gibt es tausende Menschen, die den gleichen Duft benutzen. Und es sind meist positive Eigenschaften, die Arnd aufzählt. Egal, wie viele Menschen den gleichen Duft haben; individuell werden die Eigenschaften erst durch die Person, die ihn mit Leben füllt.

„Niemand wird einen Duft wählen, der stinkt", sagt er dazu. „Es gibt auch gar keinen Gestank. Man kann manche Menschen gut riechen und manche nicht. Und je mehr ich mich selbst kenne und mich mit mir auseinandersetze, meine eigenen Stärken und Schwächen kenne und mich selbst wahrnehme, desto besser kann ich auch auf andere Menschen eingehen."

In seiner Bar passiert daher viel mehr als nur der Ausschank von Getränken. Arnd kennt die Gäste nicht, aber durch das Duft-Thema kommt man schnell ins Gespräch und ist direkt bei tiefen und relevanten Themen.

Die nächste Runde kommt – Mathis. Ein Freund, der mich mit seinem trockenen Humor immer wieder begeistert. Und seine Aussagen und Analysen sind zu 99,9 Prozent immer auf den Punkt. *Armani Code Homme* ist der Duft, den er momentan verwendet. Um diese Duftnote noch besser hervorzuheben, zündet Arnd Guajakholz an. Das verbreitet ein Gefühl von Luxus und Ausgeglichenheit. Wobei der Luxusbegriff nicht unbedingt durch materielle Güter gefüllt wird – Zeit ist vielleicht der größte Luxus, den wir uns heute nehmen.

Zu Mathis passt es jedenfalls. Auch hier finden sich Noten wieder, die uns alle verbinden: Bergamotte, Zitrone und Olive zum Beispiel. Aber dann auch noch Sternanis. Eine Zutat, die für Innovation steht. Oder um es im Businessdeutsch auszudrücken: Im Bereich des Change-Managements ist Mathis ziemlich gut. Der Mathis-Cocktail hat es auch weiter in sich. Whiskey ist zum Beispiel drin, Leder (steht für die Balance im Leben) und Tonkabohne (positive Energie). Mathis lässt sich aber nicht so richtig einfangen, denn er legt nur sehr selten Parfum auf.

Auch darauf hat Arnd eine Antwort: „Wer kein Parfum aufträgt, der möchte nicht sofort etwas über sich preisgeben. Die Message ist ein entspanntes: Ich dränge mich nicht auf! Wenn eine Person intensiv nach Parfum riecht, dann hat sie oft einen lauten Charakter."

Den hat Mathis wirklich nicht. Er ruht in sich. Wir stoßen an.

Ich checke kurz, ob unser fünfter Mann schon angerufen hat. Torsten Hebel wollte sich per Skype dazuschalten. Doch das sollte an diesem Abend leider nicht klappen. Immerhin konnten wir ihn für ein Fotodate auf den Bildschirm bringen.

Das ist der einzige Wermutstropfen unseres Treffens.

Zu guter Letzt kommt mein Cocktail.

Parfum: *Armani Code Sport.* Das Getränk wird in silbernen Bechern serviert. Mit Minzblättern verziert. Ich probiere. Uff, es schmeckt mir. Gott sei Dank!, denke ich erleichtert. Sake, der Reiswein aus Japan ist drin. Zitrone, wie gehabt. Mandarine, Zitrone, Bergamotte, ...

„Du hast sehr viele Gedanken im Kopf", sagt Arnd zu mir. „Minze tut da gut. Eine Befreiung für den Kopf." Der Ingwer steht für Stärke. „Dir ist es wichtig, körperlich und charakterlich fit und stark zu sein. Auch dass Menschen dich als starke Persönlichkeit sehen, bedeutet dir etwas. Und das Schlimmste, was man dir antun kann, ist dich bloßzustellen. Generell bist du ein positiver Mensch, du liebst Struktur und Ordnung, und starke Persönlichkeiten ziehen dich an."

„Das finde ich sehr passend. Vor allem das mit der Stärke", sagt Daniel.

„Sehe ich auch so", entgegne ich. „Wobei ich auch über mich selbst lachen kann und da keine Angst habe, mich zu blamieren. Also das mit dem Bloßstellen sehe ich anders ..."

„Aber du willst immer das letzte Wort haben und nicht die Kontrolle verlieren." erwidert Daniel. „Das ist damit gemeint, glaube ich." Das kann ich so nicht stehen lassen .... Hm. Okay, er hat Recht.

Ich fühle mich immer stärker an unsere Zeit in Linz erinnert. Diesmal lassen wir uns die Wertschätzung und Tiefe zwar von jemand anderem von außen zusprechen, sind aber trotzdem direkt beteiligt.

Umso mehr, als wir die Location wechseln. Denn jetzt wird es ernst. Aus Theorie wird Praxis. Aus passiv aktiv. Aus „Serviert bekommen und probieren" wird „Kreieren und selbstmachen"! Der Höhepunkt des Abends. Denn jetzt wagen wir uns an eine ganz besondere Duftnote: Wertschätzung pur – und die soll natürlich auch ins Glas.

Also wechseln wir die Szenerie, vom „Fragrances“ geht's in den „Curtain Club“ im Keller des Ritz. Der Laden ist gut besucht, doch wir vier dürfen trotzdem hinter die Theke, mitten rein ins Gewusel und dort unseren Cocktail mixen.

Die Zutaten entnehmen Sie bitte der nächsten Doppelseite dieses Buches. Die Basis sind die Elemente, die wir alle gemeinsam haben, dazu noch die große individuelle Stärke jedes Einzelnen. Wir teilen uns auf, jeder darf einige Zutaten in den Mixer befördern. Eis dazu – dann wird geschüttelt. Noch mal geschüttelt. Ausgeschenkt. Und verteilt.

ROSMARIN 126
Stählemühle
244
Bergamotte
und
Bourbon-Vanille
Stählemühle
239
Sizilianische
Blutorange

Der Wertschätzungs-Cocktail

- 30 ml Origenes 18 Rum
- 20 ml Amabuki Himmelswind Sake
- 5 ml Stählemühle Rosmarin Brandt
- 5 ml Stählemühle Bergamotte-Vanille Brandt
- 1 BL Geraniensirup
- 1 BL Vetiver Sirup

Ein erhebender Moment! Wir haben gerade einen Wertschätzungscocktail gemixt! Er besteht aus Energie, Frische, Stolz, Empathie, Stärke, gegenseitiger Rücksichtnahme, Freude, Verrücktheit, Struktur, Kreativität, Innovation und zu einem großen Teil aus Torsten, Mathis, Philipp, Daniel und Tim.

Und, was für eine Erleichterung: Er schmeckt auch noch!

Immer mehr wird mir klar: Wir sind hier schon längst nicht mehr nur zu viert unterwegs (plus ein im Herzen dazugeschalteter). „Typen erkennen Typen" hat mir mal ein guter Freund gesagt. Und Leute, Arnd Heissen ist ein Typ!

Immer mehr Wertschätzer kommen zusammen, denn auch Björn Lorenzen, der den ganzen Abend für uns da ist, gehört dazu. Mit größtmöglicher Gastfreundlichkeit liest er uns jeden Wunsch von den Augen ab. Aus unseren Vorgesprächen weiß ich, dass unsere Mission eindeutig auch seine ist.

Ebenso Dirk Schmidt, der uns bei allen Gesprächen mit der Kamera begleitet hat. Der Herr Fotograf nimmt so einiges auf sich, damit wir tolle Bilder für das Buch bekommen, und das macht mich stolz. Als begehrter Fotograf für diverse Hochglanzmagazine und große Werbekunden ist er mit vollem Herzen dabei und wird an diesem Abend sogar noch von seiner Assistentin und Freundin begleitet.

Ihr alle und noch viel mehr seid Teil des Wertschätzungscocktails! Das klingt jetzt wie eine vorweggenommene Danksagung. Ist es auch. Und darauf trinke ich. Denn es geht nicht darum, exklusiv unter sich zu bleiben. Es geht darum, immer mehr Menschen mit ins Wertschätzer- Boot zu holen. Es geht darum, sich zu verbünden und gemeinsame Sache zu machen.

Im *Ritz Carlton* haben wir auf jeden Fall einige Mitstreiter, so viel steht fest. Und wer weiß: Vielleicht geht der Wertschätzungscocktail in Serie. Schmecken tut er auf jeden Fall sehr gut.

Epilog

Von Herzen: Danke, dass Sie mich ein gutes Stück begleitet haben! Das Buch ist nun fast zu Ende – und doch ist es erst der Anfang.

Ich habe die zurückliegenden Seiten sehr genossen und beim Schreiben viel Spaß gehabt. Doch genauso bin ich herausgefordert worden bei meiner Reise durchs Land zu meinen Gesprächspartnern. Und an den vielen Büchern und Artikeln, die ich gelesen, die vielen Sendungen und Gespräche, die ich gesammelt habe, wäre ich so manches Mal fast verzweifelt. Doch wenn ich jetzt hier zurückblättere, komme ich immer mehr zu dem Schluss: Diese Wegstrecke und all der Aufwand bilden lediglich die Startrampe für einen wertschätzenden Lebensstil.

Dafür hat sich jeder einzelne Schritt gelohnt.

Die Gespräche, Begegnungen und Erlebnisse von und mit Pari, Dunja, Marcell, Michael und Christian, die Treffen und Ideen von Mathis, Philipp, Torsten, Daniel und mir dienen zum Inspirieren, Aufrütteln, Nachdenken und hinterlassen hoffentlich einen bleibenden Eindruck. Aber die wahre Wertschätzung muss selbst ausprobiert und genossen werden.

Deshalb: Schreiben Sie jetzt ihre eigene Geschichte weiter oder neu. Entdecken Sie Ihre „Wunderwaffe Wertschätzung“.

Und denken Sie daran: Echte Wertschätzung braucht einen langen Atem! Lassen Sie sich von vermeintlichen Rückschlägen nicht unterkriegen und feiern Sie die tollen Erlebnisse und den Rückenwind, den ein wertschätzender Lebensstil mit sich bringt, umso mehr. Das ist der Tenor aller Gespräche und auch meine eigene Erfahrung.

Umgeben und vernetzen Sie sich mit anderen Wertschätzern. Und vergessen Sie nicht:

1. Ihre Art der Wertschätzung ist einzigartig. Ihr Umfeld, ihre Story, ihr Charakter machen Sie unverzichtbar für diese Gesellschaft, und so wie Sie kann niemand anderes wertschätzen. Durch ein liebes Wort, eine hilfreiche Geste, eine verrückte Aktion, ...

2. Passen Sie auf sich auf und seien Sie gut zu sich selbst. Wertschätzung fängt immer zuerst bei sich selbst an!

3. Ich bin mir sicher: Wenn wir anfangen, unsere Sicht auf die Gesellschaft und unseren Alltag wertschätzender zu gestalten, werden wir alle das große Glück dieser einfachen und doch so weitreichenden Lebenshaltung spüren und erleben.

Wertschätzen heißt Danke sagen

adeo: Liebes adeo-Team, es war und ist uns eine Ehre. Danke, dass ihr an uns geglaubt, mit uns gearbeitet und für uns gefightet habt. Euer Einsatz und eure Leidenschaft sind Herzblut pur. Und euer Vertrauen in uns hat die „Wunderwaffe Wertschätzung" erlebbar gemacht.

Anke Lönne: Bis heute habe ich sie noch, deine handschriftliche und herzliche Antwort auf meine erste Bewerbung bei der Suche nach einer passenden Agentur. Wie viele Jahre ist das jetzt schon her? Sie hat schon damals einfach den Unterschied gemacht, so wie du! D'Anke!

Arnd Heissen: Egal, wie viele nationale und internationale Titel du dir noch so alles ermixen wirst, Arnd. Für uns bist du bereits für alle Ewigkeiten der unangefochtene „Wert-Shaker". Und dieser Abend in all seiner Tiefe war einfach nur dufte!

Benjamin Kunde: Mein lieber Schönhauser-Allee-Rocker und Kiez-König! Natürlich tauchst du hier auch auf. Deine spontane Einzugshilfe damals war der Anfang einer wunderbaren Freundschaft und mittlerweile unzähliger Wertschätzungs-Talks. Du weißt, wie's geht. Darauf stoßen wir bei „Moto" an!

Björn Lorenzen und Martin Lisson: Einfach mal ins Blaue wertgeschätzt und das große Besteck aufgefahren. Ihr seid der Hammer! Von der ersten Besprechung inklusive 1a-Lea-Bespaßung bis zum letzten direkt vom Herzen abgelesenen Wunsch am Abend der Abende war alles dabei. Ritz Ritz Hurra, wir sind immer noch ganz Freude-trunken.

Bodo Janssen: Wer sich nach nur einer Mail und über Bande so schnell und direkt und tief auf uns und unser Thema einlässt, der hat nicht nur verstanden, um was es geht. Der lebt das – total! Bodo, eine Ehre, vom Bestsellerautor persönlich! Auf dass die „Stille Revolution" laut und stark und kräftig wird.

Carsten Schmidt: Deine ehrliche und herzliche Freude bei jedem zufälligen Wiedersehen bedeuten mir viel. Und als Vorstands-Vorsitzender von Sky trotz aller Themen im Kopf immer noch um unser Projekt zu wissen und auch regelmäßig nachzufragen, wie es voran geht, das ist groß!

Christian Ott: Und, mein Freund und Büro-Kollege, nimmste es trotzdem in die Hand, obwohl dein geliebter Boris Becker nicht drin vorkommt? Danke, dass du dir immer die ganzen Geschichten rund um die Entstehung angehört hast.

Christian Rach: Mit dir schippere ich jederzeit wieder in noch so alten Holzkähnen über den tiefsten Pazifik. Was für ein Privileg, dich in Indonesien kennen gelernt zu haben. Und mit einem echten Freund sicher zurückgekehrt zu sein. Dein Support hat uns Türen (und Herzen) geöffnet.

Daniel Schneider: Ach, Daniel ... Wie viele Seiten habe ich für meinen unendlichen Dank? Reicht nicht ... Kann und will dir einfach nur DANKE sagen. Ohne dich wäre dieses Buch weder entstanden noch zu dem geworden, was es ist. Du bist die Wunderwaffe! Und zusammen sind wir unschlagbar. Auf dass das nur der Anfang ist.

Daniel Sieben: Du bist einfach mal zur richtigen Zeit in die richtige Agentur gewechselt – und hast uns die Scholz & Volkmer-Tür aufgeschlossen. Seitdem warst du als der Mann an Michaels Seite auch der Mann für unsere Seiten und Aktionen. Geiler Einsatz, Daniel! Danke!

Das „logo!"-Team: Kinder ernst nehmen, sie wertschätzen und deshalb täglich neu ganz viel Aufwand zu betreiben, um ihnen die Nachrichtenwelt zu erklären, genau darum geht's! Das ist Wertschätzungsinvestment in die Zukunft! Danke, dass ich so lange Teil eures Teams sein durfte – im Herzen bin ich es noch immer.

Der Security-Mann von der IFA-Bühne: Leider habe ich deinen Namen nicht mehr auf dem Zettel. Was ich aber noch habe, ist dein Vorbild in Sachen Wertschätzung. Wer mit seinen sechsjährigen Zwillingen nur deshalb U-Bahn fährt, um ihnen beizubringen, wie man älteren Menschen einen Platz anbietet, der ist ein Großer.

Der Taxifahrer vom Frankfurter Flughafen: Dein Real Madrid-Rucksack am Viertelfinaltag gegen Bayern geht nach wie vor nicht. Aber seinen Chefkoch-Job auf Mallorca wegen des Heimwehs der Frau aufgeben und dann Taxifahrer werden, um seinen Vater besser pflegen zu können, das geht ... unter die Haut. Und ist Wertschätzung pur. Auf bald, „Butzi"!

Dirk Schmidt: Du hast dich fest in unsere Herzen fotografiert, Dirk! Und egal ob Vollsperrung auf der Autobahn, Dauerregen ohne Sicht oder kaputte Klimaanlagen auf Hochsommerfahrten: Du warst immer da, mit voller Leidenschaft dabei und hast traumhafte und herrlich natürliche Fotos gezaubert. Danke, „Dirk Schmidt Fotogott"! (www.dsphotos.de)

Dunja Hayali: Keine weiteren Termine mehr, egal was, denn voller konnte das „Dun-Jahr" 2017 nicht sein. Nur für uns hast du eine Ausnahme gemacht – und was für eine: Du hast unser Projekt zu deinem gemacht. Und damit für viele viele viele andere. Danke dafür. Wie sehr wir das zu schätzen wissen.

Gerald Hüther: Wenn sich fünf Jungs mit einer Vision aufmachen und der Wertschätzung nachjagen, dann ist das das eine. Wenn sie dann aber von einem der führenden Forscher auf diesem Gebiet höchst wissenschaftliche Unterstützung bekommen, dann ist das ein Privileg.

Gute Botschafter: Euer Name ist Programm. Und eure Arbeit nicht nur ganz weit vorne, sondern vorne drauf: Danke für das mega Cover und alle wohl „durchsignte“ Umsetzung. Ihr seid großartig. Und keiner verkuppelt so prominent und auf den Punkt wie ihr beide, Wolfram Heidenreich und Michael Buttgereit. Fortsetzung folgt!

Helen Wild: Oh jaaaaa, da ist also das Buch. Und du warst permanet dabei, du Mutmacherin der Herzen. Du Trainerin meines Vertrauens. Du An-Die-Menschen-Glauberin und nicht ans System. Du Seelenverwandte. Nur so geht’s.

Kai-Felix Jochens: „Einmal wie immer, um acht mit ’nem Kaffee mit Milch und etwas Zucker?“ So wie du mir auf den letzten Buchmetern den Fernsehrücken frei gehalten hast, ist nicht selbstverständlich. Und war Gold wert.

Karoline Kuhn: Yes, Karo, jetzt haben wir also ein Buch zusammen gemacht! Du hast das ja schon lange vorgehabt. Am Ende wahrscheinlich ganz anders als gedacht – aber umso schöner und bunter und relevanter. Dank dir! Unseren größten Respekt, wie du in stressigen Zeiten noch den roten Faden gesponnen und die Wertschätzung herausgearbeitet hast. Du bist unsere Buch-Königin!

Lea Luisa Niedernolte: Dein Strahlen, dein Lachen und dein Humor sind einzigartig und machen mich unendlich glücklich. Und was du mit gerade mal Zweieinhalb an Empathie für deine Mitmenschen und Mit-Teddys an den Tag legst, haut mich immer wieder um. Bewahr dir das, mein Schatz. Denn genau darum geht’s im Leben!

Mama und Papa (Annegret und Friedrich Niedernolte): Das, was Dunja Hayali und Marcell Jansen mehrfach betont haben, kann ich nur unterschreiben: Die Eltern sind alles! Und ohne euch wäre ich weder hier noch irgendwo. Mit jedem Lebensjahr mehr wird meine Dankbarkeit und Anerkennung größer. Ihr habt schon immer vorgelebt, um was es in diesem Buch geht.

Marcell Jansen: Nicht viele haben so viel Gefühl in den Füßen wie du. Aber noch viel weniger haben dazu noch so viel Wertschätzung in Herz und Hirn. Ein unschlagbarer Mix. Und ein Privileg, dich an Bord zu haben. Mach' weiter fleißig deine Dinger rein! #picue

Mathis Gerkensmeyer: OMG, Mathis! Wie konntest du anfangs bloß hinterfragen, warum du mit nach Linz geladen wurdest?! Ich hoffe, du bist dir inzwischen bewusst, was für ein schlauer, kreativer, eloquenter und herzlicher Wertschätzungs-Experte du bist. Weiter, immer weiter!

Meine Friseurin Katja: Haare schneiden ist das eine, über das Leben reden und dabei den Alltag wertschätzen – vor allem auch meinen für mich mit und in allen Rückschlägen –, das kannst nur du. Danke für dein Herz für unser Thema. Dein Thema!

Michael Koch-Elefant: „Typen erkennen Typen!“ – damit hattest du mich und wir uns, gleich beim ersten Kennenlernen (und dem zweiten und dritten Drink) auf dem Balkon in unserer vierten Etage. „Wertschätzer erkennen Wertschätzer!“ – und du bist einer der Kategorie 5-Sterne-Superior.

Michael Volkmer: „Braucht's das, Michael?" – In diesem Fall sowas von JA! Danke für all deine Leidenschaft, deine Inspiration, deine Kreativität, dein Herzblut, dein Team. Und den exklusiven und über so einiges hinausgehenden (Scholz&) Volkmer'schen Support. Stichwort „Vorleben". Aber mal ganz weit vorne!

Miriam Pielhau: Mensch, Miri. Du warst sowas von gesetzt für unser Buch. Ich habe noch nie einen Menschen kennengelernt, der so viel Wertschätzung in sich trägt und versprüht. Du fehlst mir. Und dieser Welt. Ich winke hoch und freue mich auf ein Wiedersehen.

Mitri Sirin, Marc Haberland und Simon Kober: Danke, dass du schon damals und ganz am Anfang daran geglaubt hast, Simon, dass ich tatsächlich mal Moderator werden kann. Danke, Marc, für alles Nachfragen, interessiert sein und immer wieder spontan zuliefern. Phöenix Café rules. Egal, ob Mainz oder Berlin – Wertschätzung geht sowohl hier als auch da, Mitri. Mal mit Spaß, mal mit Bier, mal von Studio zu Studio und dann wieder ganz persönlich und privat. Du bist einer von uns.

Moto: Allein für die inspirierende Atmosphäre deiner Bar müsstest du hier erwähnt werden. Was da alles an Ideen und Entscheidungen auf die Strecke gebracht wurde! Doch es geht um mehr, es geht um dich – denn du bist „Moto", und das kann keiner so einzigartig wie du.

Oliver Wurm: „Wertschätzung, was ein geiles Wort! Kannste dir direkt auf den Unterarm tätowieren!“ Recht haste, Olli! Wenn, dann aber von dir – egal, wie das Ding auf alle Ewigkeiten auch aussieht. Danke für deinen Rückenwind.

Opa Gerhard Verleger: Seit ich dich kenne und du meinen Lebensweg so wunderbar begleitet und unterstützt hast, bist du für mich ein Wertschätzungs-Vorbild. So vieles habe ich von dir gelernt und übernommen. Danke für alles, geliebter Opa. Unglaublich und unzählbar, wie viele Menschen du in deinem fast 100-jährigen Leben bereichert hast.

Pari Roehi: Was bist du nur für eine hübsche Frau. Doch um wieviel schöner ist noch mal dein Herz, deine Seele und dein Wesen. Du hast uns geflasht – und tust es hoffentlich noch öfter. Und überall, wo du unterwegs bist und weiter deinen Weg gehst.

Philipp Niedernolte: „So lange ich nicht den Beweis angetreten habe, dass Wertschätzung und Relevanz auf hohem Niveau und auch in Führungsetagen möglich sind, höre ich nicht auf damit!“ So nämlich, Philipp. Diese Aussage von unserem Gründungstreffen habe ich nicht vergessen – weil du sie permanent beweist. Weiter so, denn damit du inspirierst nicht nur mich.

Prof. Ron Snyder: „Oh, what a great topic, Tim!“, sagt der Professor aus Nebraska. Weil auch du ein „Typen erkennen Typen“-Typ bist. Und deinen Studenten und Absolventen Wertschätzung vorlebst. Deine regelmäßigen Inspirations-Mails aus den USA beflügeln mich.

Ralf Steinacker alias „Mister Spreegold“: Wenn mal alles so einfach gelaufen wäre bei diesem Projekt wie die Absprachen mit dir. Einem Unbekannten, der zufällig mit seiner Frau an deiner neuen Bar vorbei kommt und nur etwas smalltalkt, mal eben im Vertrauen eine ganz Restaurant-Etage zur Verfügung zu stellen – das ist 'ne Ansage.

Scholz & Volkmer: Dafür, dass euer Chef uns die Tür aufgemacht und wichtiger Teil unseres Buches geworden ist, könnt ihr nichts. Sich aber dann so zu engagieren und für Wertschätzung stark zu machen – das war eure Entscheidung. Und macht uns dankbar und glücklich und stolz. Auf euch!

Sebastian Klettke: Deine Story ist Wahnsinn! Sich quasi aus dem Nichts und auf den letzten Metern so herzzerreißend um einen geliebten Menschen zu kümmern, mit allem Drum und Dran und Haut und Haaren, bewegt mich noch immer. Sollte ich mich jemals an ein zweites Buch wagen – dein Kapitel ist bereits geschrieben.

Stefan Wiesner

„Es muß das Herz bei jedem Lebensrufe
Bereit zum Abschied sein und Neubeginne,
Um sich in Tapferkeit und ohne Trauern
In andre, neue Bindungen zu geben.
Und jedem Anfang wohnt ein Zauber inne,
Der uns beschützt und der uns hilft, zu leben.“
(Hermann Hesse)
...und der uns durchgetragen hat!
Danke für alles – und dein Vertrauen!

Susanne Kronfeld: Auf den letzten Metern mit deinem tollen Auge für Bilder, Posen und Menschen noch mal ordentlich mitangepackt. Das war Gold wert. Und deine vielen Besuche trotz der langen A9 sind gefahrene Wertschätzung in vierstelliger Kilometerzahl.

Tobias Essinger: Einfach mal direkt mitgemacht – über den Titel nachgedacht, immer wieder nachgehört. Und dann bei allen Fragen rund um Social Media und bewegende Bilder selber Hand angelegt, Richard aktiviert und losproduziert! So geht Support Deluxe, Danke!

Tobias Holtkamp: Unsere Wunderwaffe in der Titelfindung. Danke für das spontane Date, die „Sporttotal.tv"-Drinks und deine Zeit nach meinem Endemol-Termin. Das hat mich auf den finalen Dreh gebracht.

Tobias Rinauer: Jeder Buchautor braucht einen „Volker Panzer der Andau" an seiner Seite. Und den habe ich. Danke für alles Nachfragen, Mitdenken, Zuhören, Mutmachen und Mittrinken. Der nächste (Buch-)Deckel geht auf mich.

Torsten Hebel: Wie du Wertschätzung lebst, ist großartig! Zum ersten Mal visionär erlebt 1999, an der Bielefelder Fußgängerampel. Und seitdem immer wieder. Mit der „blu:boks" in Berlin hast du inzwischen sogar eine mehrstöckige Wertschätzungs-Manufaktur hochgezogen. Und es geht weiter. Danke für deine Freundschaft und so viel mehr!

Uwe Wolf: Weißt du, warum du – neben vielem anderen – so ein großartiger Beleuchter bist? Weil du von innen strahlst, Uwe! Sogar durchs Telefon durch, wenn man dich um ein Vorwort bittet. Deine Worte beschämen mich. Danke, Sir!

Annegret Niedernolte: Dieses Buch ist auch dein Buch. Denn ohne dich an der Seite, im Rücken und vor allem im Herzen hätte ich es niemals schreiben können. Und nur weil du den Laden hier so einzigartig zusammen hältst, wenn ich mal wieder und viel zu oft auf Reisen bin, ist das überhaupt alles möglich. Außerdem liebst du mich auch trotz all der Momente, in denen ich gerade mal so gar nicht wertschätzend unterwegs bin. Und das ist wahre Liebe! Zurück, Anni – und DANKE für alles!

DEM, der die Wertschätzung erfunden hat!
Und alles, was damit zu tun hat.

Nachwort

Liebe Leserin, lieber Leser,

gerade habe ich die inspirierende Lektüre des Buches beendet, das auch Sie jetzt in Händen halten. Es war ein Genuss und eine Wohltat, Tim Niedernolte auf 200 Seiten bei seinen spannenden Gesprächen, Gedanken und Schlussfolgerungen zu begleiten.

Seit Jahren mache ich ähnliche Erfahrungen wie die, die Tim hier beschreibt: Wenn ich meinem Gegenüber mit ehrlicher Wertschätzung begegne, erlebe ich häufig, wie kraftvoll diese positive Haltung Menschen berührt.

Für meinen beruflichen Alltag hat mich „Wunderwaffe Wertschätzung“ sehr bestärkt, ermutigt und neu motiviert, den guten Kurs der Wertschätzung weiter Tag für Tag mit dem gesamten Team zu gehen. Unser Claim lautet seit einiger Zeit „WEIL WIR WERTSCHÄTZEN“.

Diese drei Worte bringen die Haltung von Plansecur perfekt auf den Punkt. In Bezug auf unsere Kunden, aber auch in der Art und Weise, wie wir im Team miteinander umgehen. Natürlich ist auch die andere Ebene, die anklingt, für uns bedeutsam: Wir freuen uns, wenn es gelingt, die materiellen Werte unserer

Kunden zu vermehren. Diese Kombination ist unser Geschäftsmodell.

Marcell Jansen erzählt in diesem Buch, dass er viele Menschen getroffen hat, die sich ihm als Ratgeber angeboten haben. Im Laufe der Zeit hat er ein gutes Gespür dafür entwickelt, wem er vertrauen kann und wem nicht. Wer ihn als Mensch wahrnimmt und versteht oder wer hinter der freundlichen Fassade doch nur den eigenen Vorteil sucht. Auch unsere Erfahrung ist, dass viele Menschen einen untrüglichen Sensor dafür haben, wer es ehrlich gut mit ihnen meint. Gerne stellen wir uns der Aufgabe, uns dieses Vertrauen jeden Tag neu zu verdienen.

Dunja Hayali nennt die Goldene Regel als wichtige Grundlage ihres Denkens und Handelns: „Behandle andere so, wie du von ihnen behandelt werden willst." Wir sind jeden Tag als Unternehmen bemüht, authentisch zu leben. Wäre das nicht der Fall, würde uns unser Claim vermutlich schnell um die Ohren fliegen. Schöne Worte haben aus unserer Erfahrung einfach nicht genug Tragkraft. Unser Tun wird bemerkt und zählt.

Michael Volkmer beschreibt im Gespräch mit Tim, wie er Wachstum definiert, und auch ihm stimme ich aus vollem Herzen zu. Gewinn ist nicht einzig in nackten Zahlen und Fakten messbar, Reichtum ist viel mehr als ein volles Bankkonto. Im Kern geht es um Beziehungen, Familie, wertvolle Momente, Freude, Liebe, gegenseitige Wertschätzung. Glücklich ist, wer verstanden hat, dass diese Art von Reichtum nicht gehortet oder für sich behalten werden darf. Sie ist nicht für das stille Kämmerlein bestimmt, sondern will hinaus in die Welt, um sich zu multiplizieren.

Am Ende seines Buches stellt Tim den Leser zehn Seiten lang unter eine warme Wertschätzungsdusche: In kurzen Danksagungen fasst er zusammen, was er an einzelnen Menschen besonders toll findet. Das zu lesen hat mich sehr bewegt, und ich habe mir vorgenommen, den Menschen in meinem Umfeld noch häufiger und noch mehr positives Feedback zu geben.

Jetzt sind also wir Leser an der Reihe. Egal, ob als Moderator, Koch oder Lehrerin, ob als Schreinerin, Atomphysiker oder Finanzfachmann – lassen Sie uns gemeinsam anfangen, andere Menschen ehrlich wertzuschätzen. Ich bin überzeugt davon, dass wir so in kleinen, aber entscheidenden Schritten die Welt verändern.

Da fange ich doch gleich damit an: Danke, Tim für deinen wertvollen Impuls!

Ihr Johannes Sczepan
Geschäftsführer der PLANSECUR Unternehmensgruppe

Anmerkungen

1 www.tagesschau.de/inland/pisa-studie-109.html

2 Erschienen bei Neues Leben, 2016

3 http://www.deutschlandfunk.de/angst-vor-terror-wir-haetten-uns-nicht-davor-schuetzen.862.de.html?dram:article_id=374678

4 http://www.tagesspiegel.de/politik/grossbritannien-briten-trotzen-dem-terror-auch-mit-humor/19892750.html

5 Eine Anspielung auf den Transferwahnsinn, mit dem chinesische Klubs Spieler aus Europas Topligen zu sich locken und dafür horrende Summen zahlen.

6 WirtschaftsWoche 31, 24.7.2015, Seite 85.

7 www.welt.de/wirtschaft/article138555961/Diese-91-Jaehrige-macht-Karriere-im-Silicon-Valley.html

8 Jupp Heynckes erklärt sein überaus erfolgreiches Comeback im ersten großen Interview nach seinem Amtsantritt in der „Welt am Sonntag" (09.10.2017) übrigens so: „Wir haben eine von Vertrauen geprägte Atmosphäre geschaffen, in der jeder seine Anerkennung erhält."

9 aus: „Das Magazin von Evonik Industries“, Ausgabe No. 1/2016, S. 6

10 http://www.deutschlandradiokultur.de/arbeits-welt-wertschoepfung-entsteht-durch-wertschaet-zung.990.de.html?dram%3Aarticle_id=327714

11 https://www.ted.com/talks/simon_sinek_why_good_lea-ders_make_you_feel_safe/transcript?language=de

12 Tim Sanders: Der Sympathiefaktor © S. Fischer Verlag GmbH, 2006

13 A.a.O., Seite 26

14 A.a.O., Seite 50

15 http://www.sueddeutsche.de/medien/goldene-kamera-dan-kesrede-von-dunja-hayali-wenn-sie-sich-rassistisch-aeussern-dann-sind-sie-verdammt-noch-mal-ein-rassist-1.2852676

16 https://de.wikipedia.org/wiki/Goldene_Regel

17 Einheitsübersetzung

18 http://www.zeit.de/2000/02/NOCH_MAL_VON_VORN_WAS_BEDEUTET_DER_KATEGORISCHE

19 Lukas 10,27

20 http://www.tagesspiegel.de/berlin/buchauszug-aus-ich-deutsch-von-raed-saleh-plaedoyer-fuer-ei-ne-neue-deutsche-leitkultur/20064370.html

21 http://www.kontor4.de/beitrag/aktuelle-social-media-nutzerzahlen.html (Stand Oktober 2017)

22 Axel Hacke: Über den Anstand in schwierigen Zeiten und die Frage, wie wir miteinander umgehen, Kunstmann 2017

23 Axel Hacke in http://www.zeit.de/2017/35/anstand-gesellschaft-zusammenleben-ruecksicht

24 https://twitter.com/AS_Monaco/status/851920169987448832/photo/1?ref_src=twsrc%5Etfw&ref_url=http%3A%2F%2Fwww.faz.net%2Faktuell%2Fsport%2Ffussball%2Funter-bedforawayfans-bieten-bvb-fans-monaco-anhaengern-schlafplaetze-an-14968755.html

25 https://techcrunch.com/2017/09/22/tbh-app/

26 https://techcrunch.com/2017/10/16/facebook-acquires-anonymous-teen-compliment-app-tbh-will-let-it-run/

27 aus: „Lufthansa Exclusive", Ausgabe No. 9/2017, Seite 19

MIX
Papier aus verantwortungsvollen Quellen
FSC www.fsc.org
FSC® C083411

1. Auflage März 2018
2. Auflage April 2018
3. Auflage November 2018
Bestell-Nr. 835181
ISBN 978-3-86334-181-7

Umschlaggestaltung: Gute Botschafter, Haltern am See
Umschlagmotiv: Dirk Schmidt, dsphotos.de
Satz: Immanuel Grapentin
Druck und Verarbeitung: CPI books GmbH, Leck
Printed in Germany

www.adeo-verlag.de